— 電磁學的奇蹟，化學與電學的融合 —

陳劭芝，馮志遠 編著

U0087208

法拉第

Michael Faraday

法拉第的故事，是對後世的呼喚
——勇敢追求知識，堅持創新探索

從出身貧寒的學徒逐步蛻變為改變世界的科學巨匠
深入描繪 19 世紀偉大科學家法拉第的生平與成就

目錄

目錄

實現夢想

歐洲考察

科學研究

獲得成果

人物概述

生平與經歷

麥可・法拉第（Michael Faraday，1791～1867），英國著名物理學家、化學家。他的一生在化學、電化學、電磁學等領域都作出過傑出貢獻。

1791年9月22日，法拉第降生在英國薩里郡紐因頓一個貧苦的鐵匠家庭，他的童年是十分悽苦的。但是，小法拉第不畏貧窮，不懼清苦，他十分勤奮好學。

14歲時，法拉第跟一位印書兼賣書的師傅當學徒。他有強烈的求知慾，博覽群書，這為他奠定了堅實的知識基礎。

20歲時，法拉第開始聽英國著名科學家漢弗萊・戴維先生講課，這位大化學家淵博的知識立即吸引了年輕的法拉第。他精心整理聽課筆記並附上一封渴望做科學研究工作的信，於1812年聖誕節前夕一起寄給了戴維。

法拉第熱愛科學的激情感動了戴維，戴維特推薦他於1813年3月進入英國皇家研究所當他的助理。法拉第在幾年之內就完成了自己生涯的重大挑戰。雖然他的數學基礎不好，但是作為一名實驗物理學家他是無與倫比的。

1867年8月25日，麥可・法拉第在書房安詳地離開了人世。一代科學巨星，在譜寫完他不平凡的人生，給人類留下無價的寶藏以後，與世長辭。

成就與貢獻

1816 年，法拉第發表了第一篇科學論文，從 1818 年起他和史托達特合作研究合金鋼，首創了金相分析方法。1820 年，他用取代反應製造六氯乙烷和四氯乙烯。1823 年，他發現了氯氣和其他氣體的液化方法。1825 年，他發現了苯。

法拉第更重要的貢獻是在電化學方面。他總結了兩個電解定律，這兩個定律均以他的名字命名，他將化學中的許多重要術語賦予了通俗的名稱，如陽極、陰極、電極、離子等，這些構成了電化學的基礎。

1821 年，法拉第完成了第一項重大的電發明，他根據設想，成功地發明了一種簡單的裝置。雖然裝置簡陋，但它卻是今天世界上使用的所有電動機的祖先。

1831 年，法拉第發現，當一塊磁鐵穿過一個閉合線路時，線路內就會有電流產生，他把這個效應叫電磁感應。一般認為，法拉第的電磁感應定律是他一生最偉大的貢獻。

影響與地位

法拉第於 1821 年任英國皇家學院實驗室總監，1824 年 1 月，當選為皇家學會會員。1825 年 2 月，他接替戴維任皇家研究所實驗室主任。

法拉第的一生是偉大的，其人又是平凡的，他非常熱心科學普及工作，還熱心公眾事業，並由此長期為英國許多公私機構服務。

法拉第為人質樸、不善交際、不圖名利、喜歡幫助親友，為了專心從事科學研究，他放棄了一切有豐厚報酬的商業性工作。

1857 年，法拉第謝絕了英國皇家學會擬選他為會長的提名，他甘願以平民的身分實現獻身科學的諾言，並終身在皇家學院實驗室工作。

法拉第從未受過系統的正規教育，但卻在眾多領域中獲得驚人成就，他堪稱刻苦勤奮、探索真理、不計個人名利的典範，對於青少年有極大的教育意義。

早年追夢

希望你們年輕的一代，也能像蠟燭為人照明那樣，有一分熱，發一分光，忠誠而腳踏實地地為人類偉大的事業貢獻自己的力量。——法拉第

出身貧寒，志在高遠

1791 年 9 月 22 日，法拉第出生在英國倫敦市郊的一個普通的鐵匠家庭。家裡的成員都沒有較高的文化，而且生活也較為貧窮。

18 世紀的英國倫敦，已經是一個車水馬龍、熙熙攘攘的熱鬧城市。在這座城市裡有許多著名的建築物，如溫莎城堡、聖保羅教堂、白金漢宮、威斯敏斯特教堂等。

這是個孕育著希望、充滿著機會的年頭，瓦特新發明的蒸汽機已經震撼了整個英國。

工業革命讓英國獲得了飛速的發展，工廠的煙囪就如雨後春筍般地出現在英國的土地上。龐大的廠房裡發出隆隆的轟鳴，打破了原來中世紀田園生活的寧靜。

隨著經濟的發展，在倫敦城裡，一幢幢華麗的高樓拔地而起，馬車多得就像泰晤士河水一樣不停地流動，街道上到處都是繁華的景象。

然而，這也是一個令人失望和痛苦的年代，經濟的飛速發展極大地加速了貧富的分化程序，富人越是富得流油，窮人的生活就越是悲慘。

這時候的英國，雖然說經過了農業革命。英國的農業災荒經過政府的努力已經得到了較為有效的控制，17 世紀後

大規模的饑荒再也沒有出現過。然而，生活在最下層的貧苦人民，依然過著窮困潦倒、食難果腹的生活。

在這個時候出生的法拉第，一出生就面臨著這樣的生活環境。一方面是社會經濟的快速發展，一方面又是家庭生活的異常窘迫。

其實，這種命運只是當時英國許許多多普通勞動者的縮影，法拉第所要面對的，他的父母早都已經面對了。

小法拉第的父親名叫詹姆士·法拉第，小法拉第出生的時候，他只有 30 歲。但算上小法拉第，他已經是三個孩子的父親。

三個孩子，對於僅靠以鐵匠為生的詹姆士·法拉第來說，在那個年代，負擔之重，可以想像。

可是當詹姆士看到妻子因為剛剛生過孩子，並且由於營養不良導致的疲憊而蒼白的面孔時，當他看到躺在妻子身邊的新生嬰兒時，心裡就會有一種說不出的柔情。

鐵匠舉起那由於長年累月的勞動而長滿老繭的手，撫摸了一下自己兒子的額頭，從內心裡感覺到為人父的快樂。

他禁不住呵呵地笑了起來。似乎這個新生命的出世，給他帶來了新的希望。這份久違的發自內心的快樂來得真是太不容易。

其實，法拉第一家原來並不是倫敦人，小法拉第出生的時候，他們才剛搬過來幾年。

　　法拉第一家人原來住在約克郡鄉下，勤奮踏實的詹姆士・法拉第學會了鐵匠手藝。他為人和善、吃苦耐勞，是一個虔誠的教徒。他一開始並沒有想過何時到城市裡闖蕩，可是在那個工業革命的時代，每個人也都在經歷著一個城市化的進程。

　　社會的快速發展，工業企業的大量建立，帶動著人口的大量流動，當時的英國就是這樣。正是因為如此，才有大量的人口懷著各自的美好夢想湧入到城市來，人們都以為城市的繁華也能籠罩著自身，都想在這裡淘到點「金子」。

　　當時詹姆士・法拉第居住的約克郡鄉下，很多人都到城市去了，有些回來的人告訴他，倫敦城裡城外，熱鬧非凡，馬蹄嘚嘚，車輪滾滾，家家鐵匠鋪爐火通紅，生意興隆，憑著他那雙有力而又靈巧的手，一定可以把日子過得舒舒服服。

　　再加上鄉下的生活的確有些無趣，詹姆士・法拉第有點心動了，這時家裡人給他娶了個妻子，新的生活開始，也讓鐵匠有心改變一下自己的命運。

　　於是詹姆士・法拉第和新婚的妻子商量這件事情，他的新娘是一個有愛爾蘭血統的農家小孩，也對外界的生活充滿著無盡嚮往，希望到大城市去看一看，也不枉來這個世界一回。同時更主要的是，說不定真的可以改變自己的命運，就這樣兩個年輕人很快就商定了這件事情，帶著對未來的美好

憧憬上路了。

在上路之前，兩個人盡量把家裡能帶的鐵匠用具都帶上了。所以弄了個很大的包裹。在經過了艱難的買票、擠車後，他們終於來到了這個夢中的天堂——倫敦。

這裡的確是高樓林立，道路上的馬車川流不息，是要比自己住的鄉下繁華得多。看到這些，初到城裡的詹姆士心裡激動不已。最終他們在倫敦城南薩里郡的紐因頓鎮上，租下幾間屋子，開了一個小鐵匠鋪，之所以選擇這裡，最主要是因為這裡房租最便宜。

當時的詹姆士想，憑自己的能力，很快就會賺到很多錢，然後再換地方。不過，現實讓他很快失望了，倫敦是富人們的天堂，不是他們這些窮鬼的天堂，他們是窮苦的鄉下人，到這裡依然是城市裡最下層的貧民，那些有錢人的馬車一般是不會來他這個鄉下人的小鐵鋪修理的，所以詹姆士很快就感到這裡和約克郡鄉下一樣艱難。

鐵匠夫妻倆天天辛苦得幾乎飯都顧不上吃，可是家裡卻生不起火。而且他們沒有來多久，妻子就懷孕了，他們的大兒子來到了這個人世。鐵匠夫妻給這個新出生的兒子起名叫洛博，他們對自己的第一個孩子特別重視，因此小傢伙長得特別強壯。

有了孩子，夫妻倆幹得更起勁了，經過努力，他們的鐵匠鋪的情況漸漸也有些好轉，甚至有些紅火起來。然而孩子

又接二連三地降生了，所以妻子只能在家看孩子，很少能幫得上忙。鐵匠鋪全靠詹姆士一個人支撐，生活還是過得相當緊張。

此時的詹姆士已經有了一兒一女，打鐵的收入只能勉強維持一家四口人的基本生活。對他們來說，能有足夠的食物就已經很不錯了，其他的物質需要是連想也不敢想的。

到了寒冷的冬天，法拉第一家沒錢買柴，無法用壁爐生火，一家人只能坐在廚房的爐子邊取暖。

在當時英國已普遍使用的帶玻璃罩的煤油燈，對詹姆士家來講更是昂貴的奢侈品，法拉第一家卻只能靠劣質蠟燭照明。

麥可是詹姆士夫婦的第三個孩子，他上面還有一個姐姐名叫瑪麗。三個孩子的歲數相差不過一兩歲，麥可降生的時候，非常瘦弱，頭上幾乎沒有頭髮，詹姆士看著自己的這個兒子，沒有多說什麼，只是下意識地用大手撫摸了一下孩子，他知道自己的負擔更重了。

經過幾年的打拼，詹姆士夫妻多多少少積攢了些錢，所以他們兩個人決定到城市裡重新租房子，在城裡開鐵匠鋪。這樣一來可能會有更多的客戶，另外孩子上學也方便。

很快，詹姆士在曼徹斯特廣場附近的一條小巷裡物色到了一處舊房子，雖然很破，但是還算可以住，於是他們很快就租了下來，然後全家都搬來了。

　　房間在二樓，一開門就是一條搖搖晃晃的木樓梯，一直通到院子裡。樓下是一間車庫，用來停放房子主人的馬車，每當有馬車進出的時候，房間就會抖動起來，發出「嘎吱嘎吱」的顫音。

　　不過總算在倫敦城裡有了一個家，法拉第一家還是很高興的，麥可的母親自己動手，做了一幅色彩鮮豔的窗簾，掛在臨街的房間視窗上。

　　這一層薄薄的窗簾，自然擋不住街上馬的嘶鳴、車伕的吆喝，也擋不住牲口糞便和浸透了牲口汗水的臭氣。

　　可是，這裡畢竟是新的家，新的希望又展開在鐵匠詹姆士·法拉第面前。

　　同時，詹姆士在倫敦城裡的鐵匠鋪也開張了，因為離家不遠，這是麥可經常去玩的地方。幼小的法拉第常常到鐵匠鋪給父親送飯，鐵匠鋪裡紅紅的鍊鐵爐、冰涼的鐵砧、父親背上的汗水、勞動的歡樂，給小麥可留下深刻的印象，他對父親的鐵匠鋪一直懷著深厚的感情。

　　詹姆士·法拉第身為一家之主，擔負著養活一家幾口的重任，為了多賺一些錢，他沒日沒夜拚命地幹活。倫敦的天氣陰冷、潮溼，空氣中瀰漫著煙囪中散發的刺鼻的氣味。

　　詹姆士又得不到很好的休息，吃不到足夠的食物，身體狀況越來越差，一天比一天虛弱。可是，一想到一家人的生活，他就一點也不敢放鬆，咬咬牙，堅持幹下去。

　　然而正當他的事業好轉的時候，詹姆士卻病倒了。詹姆士在鄉下本來是個健壯的漢子，可是由於城市生活環境的惡劣，長年累月的體力勞動，再加上鐵匠這個職業，天天與鐵屑為伍，沒有多少防護措施，詹姆士開始經常生病。

　　現在，詹姆士把鐵錘拿在手裡，沒有打幾下，他就開始心慌氣喘起來。對於一個鐵匠來說，還有什麼比喪失健康更可怕的呢？

　　詹姆士覺得，可能是自己太過於勞累了。他總是抱著一線希望，也許多休息幾天身體就會好起來的，也許到了夏天一切就會好起來的。終於有一天，詹姆士倒了下來，他實在是再也支持不住了，這對法拉第一家來說簡直是一場災難。

　　俗話說，對窮人而言，最大的財富就是健康。沒有健壯的身體，窮人就等於是一無所有了。鐵匠鋪再也支撐不下去了，詹姆士不得不把它變賣給了別人。

　　詹姆士徹底地喪失了勞動的能力，他也拿不起勞動的工具，他眷戀曾經用雙手辛勤勞動的地方。而如今，他只能躺在床上發出無助的嘆息。

　　每天早上，詹姆士看到妻子雙手空空地從街上回來，看到四個孩子乾瘦的身子和期待的目光，他的心像刀絞一樣。

　　於是，他又掙扎著爬起床，跑到人家的鐵匠鋪去當幫工，賺幾個小錢。但是第二天，他又躺倒了，直到最後他連床也下不來了。

　　特別是麥可現在又有一個小妹妹愛蜜麗。小妹妹的降生給家中帶來了一份歡樂，但同時也增添了一份憂愁。

　　人多一個，嘴多一張，而且小生命的誕生還讓母親也經常抽不開身，家裡的境況變得更差了。就像其他窮人家的孩子一樣，他們吃不上好的食物、穿不起好衣服。

　　麥可5歲的時候，家裡幾乎斷絕了生活來源，他們連買食物的錢都沒有了，更交不起房租，全家人只能搬到郊區的一個貧民區去住。

　　倫敦的天空總是灰濛濛的，霧氣很重。泰晤士河像一個失去年華的老姑娘，無休止地哼著憂傷的歌。小麥可多麼希望望見一小塊藍天，期望溫暖的太陽給家裡帶來好運啊。可是霧都的天空，很難開顏一笑。

　　不久以後，詹姆士一家只好向慈善機構求救，他們申請了救濟金。但是，救濟金實在少得可憐，根本不能讓全家吃飽。

　　在領取救濟的日子裡，法拉第真正地體會到了飢餓的滋味。有時候，全家每星期領來的救濟糧，分到麥可手裡，只有一個不大的麵包，奶油那就別想了，因為連麵包都幾乎要吃不上了。

　　小麥可非常懂事，他所做的事情，給父母留下印象最深的是分麵包。在食物有限的情況下，為孩子們分配食物實在令人頭痛。

在無奈之中，麥可的母親想了一個辦法，這就是，每星期給孩子們分配一次食物。

孩子們得到食物後，自己計劃如何在一週之內合理地吃。如果分配不合理，只好自己挨餓，母親絕不會為誰增加一點食物。

家裡的其他孩子，經常出現計劃不周的情況。因此，他們不是向母親要食物，就是自己挨餓。

而小麥可從來沒發生過這樣的事情。他在每個星期一得到母親給的一條長條麵包後，就用尺把它量好，然後，在一張紙上畫出 13 條距離相等的線條，再把麵包放在紙上，用鋒利的刀子對準紙上的線條，一刀一刀地切麵包，這樣，就可以把麵包劃成 14 片。

在接下來的一週中，麥可每天早晨和晚上各吃一片麵包。麵包吃完了，下一個麵包又該發放了。如此計劃，使他沒有發生飢餓難忍的情況。

每次當母親叮囑麥可每天只能吃兩片，早上一片，晚上一片，不能一次把分到的麵包吃完的時候，麥可總是懂事地說：「我不會吃完的，媽媽，吃完了，下頓我只有餓肚子了。」

「真是媽媽的好孩子，真聽話，吃過飯以後看一會兒你妹妹，我要幫你們的父親洗衣服，好嗎？」母親問。

「好！」小麥可爽快地回答。這個時候麥可的哥哥姐姐

都已經上學了，所以只有麥可幫助媽媽照看妹妹了。

困苦的生活條件，很容易使窮人家的孩子早熟。面對家裡的清貧生活，年幼的麥可已經很懂事了。他多麼希望能替父母幹活，分擔他們的愁苦呀！

但是麥可還太小，只能幫母親做點簡單的家務，照看一下妹妹。讓媽媽能有更多的時間做工以維持家裡的生活。

但法拉第畢竟還是個小孩子，一有空閒，他就把妹妹抱到院子裡，讓她坐在一邊，自己和小朋友們盡情玩耍。

妹妹總是笑咪咪地站在一旁觀看，法拉第總是十分留神，只要一聽到馬車聲音，便立即衝進院子，把小妹抱上樓梯，以免被車撞到。鄰居都誇讚他是一個懂事的孩子。

法拉第一家人在這段艱難的時期，並沒有消沉，法拉第一家和和融融，充滿著親情和樂觀的氣氛。這種情緒影響了法拉第的一生，即使他身處逆境也能自得其樂，對生活，對明天充滿了信心和希望。

幸好這樣的日子沒有持續太久。他們一家還沒有來得及慢慢餓死，就有了轉機。

麥可的哥哥洛博這時已經13歲，可以去當學徒了，按照當時的習慣，長子要繼承父業，洛博進了一家鐵匠鋪，少一個人吃飯，家裡就少了一些負擔，而且哥哥有時還能給家裡一些錢和帶回些吃的。

妹妹愛蜜麗這個時候也長大了些，不用媽媽時時照顧

她。這樣媽媽就有了時間，可以帶著姐姐瑪麗到有錢人家裡去打零工，賺些錢貼補家用，一家人的生活開始好轉，於是法拉第的家裡又有了笑聲。

短暫的校園時光

小麥可並不是很聰明，也不淘氣。他沒有給父母惹過什麼麻煩。麥可不與人打架鬥毆，也不搞惡作劇，和街坊鄰居的孩子相處很友善。這讓他的父母很省心。不過，這個規規矩矩的孩子，也沒有給人留下聰明機靈的印象。

熟悉他的人，沒有人認為這孩子將來有多大的出息。就連他的父母，也不敢對法拉第的前途有任何奢望。

長大之後，他能夠跟隨父親打打鐵，或者到附近的工廠、碼頭找點工作幹，可以養活自己就算不錯了。

時間過得真快啊，一晃小麥可已經8歲了，也到了上學的年紀，父母儘管對麥可沒有太大的期望，但是上學還是必需的，而且說不定將來自己的兒子會有出息的。

聽說要上學了，小麥可非常高興，因為從此他就可以讀書了，他一直覺得這是一個很好玩的事情，聽哥哥姐姐說，學校裡很好玩了，還有很多小朋友。

然而學校的生活並不是麥可想像的那麼美好，這主要是因為小麥可說話帶著濃重的鄉下口音。

當時英國的中小學教育，很重要的一項內容就是教孩子們「說話」，這並不是說他們不會說話，而是他們不會「正確」地說話。

　　當時在英國，要是不會控制腔調，說上流社會裡通行的那種抑揚頓挫的英語，就別想找到一個上等職業。然而，要孩子們換一種他們不習慣的腔調來說話，有時候竟比學外國話更困難。

　　許多人上了好幾年學後，說起話來仍舊是含含糊糊，無法改變他們說了多年的倫敦土話口音，因此受到懲罰也是經常的事。

　　今天的課堂上，小麥可又出問題了。那是一節國語課，教課的是一位女老師，名叫麗姬。

　　麗姬老師身材高大，說話的聲音特別響亮，這節課老師教了一些生字，然後讓同學輪流靠著念，輪到小麥可的時候，是一個「洛」字，也就是他哥哥名字裡的一個字。

　　「麥可同學，念這個字。」麗姬老師說。

　　麥可戰戰兢兢地站了起來，他動了動嘴唇，小聲念道：「若。」

　　同學們轟地都笑了，麥可不好意思地低下了頭，用眼睛的餘光看了看教室裡的其他人。

　　麗姬老師非常生氣，她帶著嘲笑的口氣說：「麥可同學，這個字不念若，念洛。你哥哥的名字你現在還不會念嗎？難道你媽媽在家都沒有教你嗎？」

　　麥可嘴唇動了動，但是沒有吭聲。

　　「這是洛博不是若博。聽清楚了嗎？下面跟我念。」麗

姬老師瞪了一眼這個瘦弱的孩子，有些厭惡地說。

「洛，洛博。」

「若，若博。」麥可小聲地念道。

麗姬老師撇了撇嘴，又繼續嘲笑麥可說：「真不錯，連自己的哥哥的名字都不會說，還來上學，真是個笨孩子。再跟我念，如果還不會念，那就等著接受懲罰吧！」

「洛，洛博。」

小麥可從小習慣的發音，現在忽然要讓他轉變，他一下子還真適應不了，舌頭怎麼也不聽使喚。小麥可看著自己老師的嘴唇，用了很大力氣，最終說出的還是「若」。

同學們哄堂大笑，這下子麗姬老師可是真的生氣了，她再也壓不住火了，她想教訓一下自己的這個「笨」學生，可是今天她又沒帶教鞭，於是她對麥可說：「麥可，既然你不會讀，那現在拿我的鑰匙到我的辦公室去一趟，幫我把教鞭拿來。」

麥可看了看老師說：「拿教鞭幹什麼嗎？現在都快要下課了。」

「幹什麼，我要用教鞭教你怎麼讀書。快去！」老師指著麥可的鼻子說。

麥可拿著老師的鑰匙在門口轉悠了一圈，他知道老師這次又要教訓自己了，昨天的傷痕還在隱隱作痛，麥可下意識地摸了一下自己的屁股。

拿還是不拿，這是一個值得小麥可考慮的問題，不過他很快下定決心，不拿。

他走到老師的辦公室門口又忽然回來了，老師看他手裡還拿著鑰匙，卻沒有拿教鞭，就奇怪地問：「不是讓你去拿教鞭嗎？你怎麼沒有拿過來。」

誰知道麥可使勁把手裡的鑰匙向講臺上一丟，轉身就跑出了教室，然後一溜煙兒回到了家裡，不管老師在後面大聲地責罵。

麥可跑回家後，就向母親說了事情的經過，並且發誓從此以後再也不到那個女老師的學校去上學。

做母親的聽了自己兒子的敘述，考慮了一下，就答應他的請求。但母親要求小麥可，不能再這樣了，如果下次再從學校逃出來，就不再讓他上學了。

於是，小麥可被轉到紐因頓地區一所公立小學，公立小學是專門為窮人的孩子辦的，學費更便宜些。

其實就算沒有這件事，麥可的媽媽也準備讓他轉學的，因為這時麥可的爸爸的病越來越嚴重，需要很多錢，而現在這個家庭已經拿不出任何錢來了，根本交不起麥可的學費。

從此，麥可開始到公立學校讀書。當他再次背起母親為他縫製的書包時，竟然激動地流下了眼淚。

這是個懂事好學的窮孩子。他知道父母讓他上學實在不容易，那學費是從全家人的嘴裡摳出來的。

麥可非常珍惜全家人給他的這次機會。他決心好好讀書，將來能夠有出息，多賺點錢，給家裡買好多好多麵包，讓父母和哥哥、姐姐、妹妹吃得飽飽的。

上了學的小麥可，珍惜每一分鐘。在課堂上，他認認真真地聽老師講課，下課後，一絲不苟地完成老師交代的作業。

完成作業後幹什麼？幫媽媽照顧爸爸和妹妹，做些力所能及的活。帶妹妹的時候，麥可喜歡到街上玩兒。他經常帶著妹妹到小巷裡，和鄰居的孩子們一起玩。麥可和孩子們在鋪著鵝卵石的院子裡跑、跳，玩石子，看誰扔得遠，扔得準。

偶爾會有馬車從小巷子經過，一聽到馬車的叮噹聲，麥可就和小朋友們哈哈地笑著閃到一旁，等馬車過去後，繼續玩他們的遊戲。

媽媽和姐姐下班後還要到市場上去買點便宜貨，為了半個便士討價還價，有時還得爭吵。

只要看母親回家時候那張愁苦的臉，那隻空空的口袋，麥可就知道，今天麵粉價錢又漲了，馬鈴薯也漲價了。至於肉，麥可已經很長時間沒有吃過了，幾乎已經忘記了是什麼滋味。

如果還有時間，小麥可就自己給自己複習功課，這就是抄書。他把老師當天講的內容抄一遍。如果抄寫完了，

還有時間，他就背誦。直到把課文背得爛熟，才結束一天的學習。

麥可學習十分自覺。上學之後，除了帶妹妹的時候，他很少一個人出去玩耍。有時候，小朋友們叫他出去玩。起初，他不願意傷小朋友們的心，就同他們玩一會兒。由於他心裡想著學習，玩起來不專心，總是輸球。

時間長了，小朋友們越來越不願意跟他玩了，這正合了麥可的心願。他本來就不願意在玩耍中浪費學習時間。小朋友們不來找他了，他倒很高興。

在學習中，麥可是用功的，對待老師交代的作業比誰都認真。他從上學開始，就不放過任何問題。

老師交代的作業，麥可不僅及時完成，還自覺檢查。在課堂上，他自覺地記筆記。

每次考試，麥可的成績都很好。這樣一個學生，本應該得到老師的好感和表揚。可是，情況並非如此，這裡的老師也瞧不起窮孩子，在這裡，小麥可遭遇了和原來那個小學一樣的情況。

小麥可在閱讀和說話方面有些缺陷，他說話不流利，有時還出現口吃。特別是在課堂上，每當老師叫他站在大家面前念課文時，即使已經熟記於心的內容，他也不能流利地表達出來。這使老師更不喜歡他。有一次，在課堂上麥可遭受了老師的鞭打。

　　近代英國的教育制度中，有體罰學生的陋習。對於老師認為不聽話或完成作業不認真的學生，老師有權進行體罰。用鞭子抽打學生，是體罰的一種形式。

　　被鞭打的孩子，皮肉之苦忍耐一會兒就過去了，可是，因遭鞭打而被同學嘲笑受到的心靈傷害，卻要持續幾天甚至幾個月。

　　麥可是個自尊心很強的孩子。他害怕鞭打，更害怕別人嘲笑他，雖然他沒有像上次那樣逃跑，但是他的心理負擔加重了。

　　每當進入教室，看見懸掛在牆壁上的皮鞭，麥可就內心發怵。特別是在背誦課文和回答老師的提問時，麥可一抬頭，就不由自主地去看牆上的鞭子，一看到鞭子，他的舌頭就不聽使喚。

　　麥可常常迴避說話，從不輕易開口。這種現象反而使他強化了聽和記的能力，也在客觀上培養了自學能力。

賣報紙的學習者

　　5 年以後，麥可也到了 13 歲，家庭的情況不允許他再上學了，他也要像哥哥姐姐一樣，離開學校，當學徒了，可是學什麼行業呢？也學打鐵嗎？麥可的父母在考慮著小麥可的未來。

　　最後經過商量，鐵匠夫妻決定不能再讓麥可去學做鐵匠，因為這個活太累人，而且小兒子身體這麼弱，恐怕根本支撐不住。

　　「今天我上街，剛好遇到了利博先生，他的書店現在正缺少人手，你看能不能到他那裡當學徒。」法拉第的母親說。

　　看來也找不到比書店更好的地方了，於是詹姆士拖著帶病的身體把麥可帶到利博先生的店鋪裡，這個小書店在布蘭福德街拐角處，書店老闆喬治·利博先生是個心地善良、和藹可親的人，非常喜歡小法拉第。

　　利博先生的店鋪，經營書籍裝幀，同時銷售書籍、文具，出租報紙。19 世紀初，出版印刷業還不發達。書價昂貴，書是一種奢侈品，只有有錢人才買得起。

　　即使貴族們也是把書籍作為珍貴的收藏品傳給後代，一本書讀了又讀，很容易有磨損、散頁的情況發生，於是他們

就把這些損壞的書送到書店去整修、重新裝訂，修飾一新後再拿回家。也有一些書，抽成一冊冊小薄本出版，讀者把這些小薄本買齊以後，再送到書店來裝訂合訂本。

那時候報紙的發行量也非常小，價格也不便宜，一般中等人家是買不起的，他們只能租報紙看，一家人拿到報紙看一兩個小時後，再由報童送到另外一家去。這樣等於幾家人訂一份報紙，價錢自然便宜了不少。

利博先生向報館訂了幾份報紙，專門進行報紙出租業務，然後由自己店鋪裡的報童，按照一定的路線送到租報人的家裡。

這幾年英國正在和拿破崙打仗，大家關心前線的戰爭，所以向利博先生租報看的人越來越多，他正需要送報的報童。鐵匠詹姆士是他的街坊，所以他早就認識麥可。麥可這孩子機靈、懂事，從小討人喜歡。

利博先生答應鐵匠詹姆士，讓麥可送一年報。要是孩子不偷懶手腳勤快，一年以後正式收他做學徒。

從此，麥可‧法拉第走上了生活的道路。他風裡來，雨裡去；走大街，穿小巷，在倫敦城裡奔跑，開始從事報童的工作。

法拉第必須等待和督促每一位訂戶在規定的時間內把報紙讀完，並準時送到下一個訂戶家。

送報也要講究信譽，不能讓客戶等待，報童如果一天內

完不成任務，就會受到老闆的責罰。所以報童送報，就如同接力賽跑一般，不敢有絲毫的怠慢。

有時租報兩家相距較遠，法拉第便急匆匆地穿大街，奔小巷，一路快跑，以免延誤時間，遭人埋怨。即使颱風下雨，也照送不誤。

雖說送報是一件十分辛苦的差事，然而小法拉第幹得特別認真，也十分的快活。

法拉第總是腋下夾著報紙，手裡捧著書，嘴裡哼著小曲，在倫敦的街頭奔來跑去，好像一個快樂的小信使，又似一頭不知疲倦的小馬駒，十分討人喜歡。

特別是能把自己賺來的便士一個個放在媽媽手裡，看到媽媽的臉上露出疼愛的微笑，法拉第感到自己更快樂了。

法拉第聰穎、機靈，對人有禮貌，送報盡心盡力，租戶們都十分喜歡他。老闆利博先生對法拉第也特別滿意。因為自從法拉第送報以來，租戶不但沒有減少，反而日見增加。

趁著送報的機會，法拉第自己也能偷空看看報，這也是快樂的事情。報紙不容易看懂，上面有許多字不認識，還有許多人名、地名也不知道。但是沒有關係，遇到不懂的東西，他就虛心向利博先生請教。利博先生很和氣，圓圓的臉上總掛著笑。

麥可常常找這位老闆，向他請教各種問題。利博先生看到麥可這孩子和別的報童不一樣，他什麼都想知道，什麼都

要問，也很高興。利博先生很喜歡法拉第，總是愉快而耐心地為他解答，就像對待自己的孩子一樣。

小法拉第個性沉靜溫和，但卻喜歡發問。

「利博先生，自然哲學是什麼呀？」

「自然哲學嘛，一般就是指自然科學，比如物理學、化學。」

「那化學又是什麼東西呢？」

「嘿，化學我也說不清楚，不過總離不開瓶瓶罐罐的！」

「利博先生，報上說的那個拿破崙，到底是一個什麼樣的人呢？」

當時英國和法國正在開戰，作為法國的獨裁者和軍隊統帥，拿破崙的名字常在報紙上出現。

「這個小矮子！有時候像狐狸，有時候又像獅子。他老是在打我們英倫三島的主意呢！」

「那為什麼有人說他是天才呢？」

「哼！天才？天才和狂人，有時候只有一步之隔而已，最多他只能算一個怪傑。」

利博先生對法拉第的好問精神十分欣賞，並且總是耐心地回答他所提的各種問題。

在利博先生眼中，這個不時蹦出一些新奇想法的小報童，是如此不一般，他一定會有一個美好的未來。利博太太

也很喜歡法拉第，對法拉第也十分和氣。

法拉第工作認真，對人又有禮貌，很快就得到了訂戶們的稱讚和喜愛。利博先生答應他，到年底就正式收他做學徒。聽到利博先生的鼓勵，法拉第幹得更起勁了。

除了喜歡發問，法拉第還喜歡沉思默想。法拉第的小腦瓜裡，時常會蹦出一些奇怪的想法。

有一天，他把報紙送到一位租報人的家裡，自己在花園裡等候。平常他總是趁人家看報的時候，自己也坐在大門外的石階上看書看報。

今天天氣太好了，法拉第坐不住了，他沿著花園的鐵欄桿走去，走到一棵大樹前。這棵大樹枝葉茂盛，它的樹幹在鐵欄桿上方拐了一個彎，歪到隔壁人家的花園裡，在那裡投下了一大片樹蔭。

法拉第想：這棵樹到底在哪裡呢？要說它在這裡吧，樹枝樹葉全在那裡，連樹蔭、樹上的小鳥也全都在人家院裡。可是要說它是隔壁人家的樹吧，它卻明明長在這裡。到底應該怎樣說呢，法拉第越想越有意思。

這不也是一個「自然哲學」的問題嗎？為什麼不做一個實驗呢？書上不是寫著「知識來自實驗」嗎？

法拉第開始做他生平的第一個「科學實驗」了。他把兩隻手臂從欄桿縫裡伸過去，把頭也從欄桿縫裡硬鑽了過去。

哈哈，我也和那棵樹一樣了。頭在這邊，腳在那邊。

不，不，腳在這邊，頭在那邊。

到底我在哪一邊呢？

法拉第「夾」在鐵欄桿縫裡，他的思想正在「自然哲學」思辨的雲端翱翔。

忽然法拉第聽到那邊「咯噔」一聲響，原來那家人已經看完報，是女傭人開啟大門給他還報紙來了。

啊，可不能讓別人看到自己這副「身首異處」的淘氣相！法拉第猛一下把頭和手臂從鐵欄桿縫裡抽回來，三步並兩步，跑到大門口去接報紙。

女傭人驚叫了一聲：「哎呀，孩子，你怎麼了？」

原來法拉第的鼻子血淋淋的，在鐵欄桿上擦破了。這就是他生平第一次做「自然哲學實驗」的收穫。

法拉第能在利博先生這樣的店當小工，的確是他的福分。他的哥哥在鐵匠鋪裡當學徒，就沒有他這麼幸運了。

鐵匠活十分重，師傅脾氣又凶暴，即使洛博拚命地幹，也免不了挨打受罵。要學到手藝，就得當牛做馬，這是那個時候各行各業普遍存在的現象。

不過，報童也有自己辛苦的地方，特別是一般人休息的週末，卻是他們最忙的時候。

每個星期天，天還沒有大亮，倫敦人還在美好的夢鄉中流連，法拉第就已經大步走在霧濛濛的街上了，急急忙忙地趕到利博先生的店鋪裡。

只見法拉第用手臂夾著一沓報紙，一溜小跑，送完第一輪，又趕緊按照原來的線路回去，取回租看的報紙，再送下一輪。

法拉第要早一點兒送完，趕回家去。爸爸、媽媽、哥哥、姐姐、妹妹，都已經換上乾淨整潔的衣服，在家裡等他一起上教堂。

可是有的租報人偏偏不肯快一點兒看完，他還是常常不能趕回家。對他來說，這是很大的不幸。

他們很輕鬆地說：「還沒有看完呢！孩子，過一會再來吧！」

法拉第向來不願意低聲下氣，向人乞求，可是這時候，他不得不向租報人懇求了。他低聲說：「先生，我還有好幾戶人家要送。下一家離這裡有一公里多路呢！」

法拉第儘管焦急、奔跑、懇求，他還是常常不能及時趕回家和家裡人一起上教堂做禮拜。

法拉第和他的父母親一樣，和千千萬萬英國善良的窮苦人一樣，是很虔誠的基督徒。法拉第的上帝在天上，也在他心裡。

星期天去教堂做禮拜，在十字架面前，人人相親相愛，像親兄弟那樣。牧師用美好的語言講述故事，大家低著頭喃喃祈禱，在低沉渾厚的鋼琴伴奏下，輕輕地哼唱著讚美詩。

這對於沒有任何人生出路的窮人們來說，是他們所能

享受的唯一的幸福，物質上得不到的，他們在精神上得到了補償。

然而，法拉第為了送報，連這僅有的幸福也不能得到。為了溫飽，失去了上帝的祝福，他感到很不幸。

不過還好，在這一年時間裡，當法拉第把報紙送到客戶手上時，總是趁客戶看報的間隙自己也讀一段報，凡遇到看不懂的地方，就找人請教。這樣，一年下來，法拉第已經認識很多字了，也學到了不少知識。

學徒時期的學習渴望

　　不知不覺間，法拉第在送報與看報中度過了一年的難忘時光。

　　有一天，利博先生把法拉第叫到跟前，笑咪咪地問他：

　　「麥可，你當報童已經一年了，一直很能幹，現在我想正式收你當學徒，你願不願意呀？」

　　「願意，願意。」

　　法拉第聽到這個令人興奮的訊息後，簡直是高興極了。如果可以學習裝訂書籍，就可以有更多的機會讀更多的書了，這該是多麼幸福的事啊！

　　「不過，你最好和你爸爸媽媽說一下，看看他們的意見，如果他們也同意的話，你明天就正式開始來學習了。不論你父母同不同意，你都要來告訴我一下。好吧？」利博先生說。

　　法拉第趕緊答應了，然後他就蹦蹦跳跳、高高興興地跑回家去了，他想爸爸媽媽一定會同意這件事的。

　　開心的小法拉第很快就把這個訊息帶回了家。可是，父母的憂慮又把他帶回到殘酷的現實中來。

　　原來，在當時英國的一些行業中，凡是學徒都是要搬到師傅的店裡去住的。學徒工不但沒有薪資，還要交納一定的

伙食費和住宿費。

　　哥哥洛博的學徒期是七年，為了承擔他的學徒費用，家裡的負擔已經夠重的了。法拉第如果再去當學徒的話，對這個並不富裕的家庭來說，無疑是個更加沉重的負擔，父親實在付不起他的費用。

　　聽父母這麼說，小法拉第感到非常失望。看小法拉第很不高興的樣子，法拉第的母親說：

　　「麥可，這樣吧，你去問問利博先生，看能不能先欠著伙食費和住宿費，如果他同意了，你就可以去，行嗎？」

　　法拉第想想，心裡覺得也只有這樣了，不過他也不知道利博先生是不是同意，如果不同意那該怎麼辦呢？不過利博先生那麼好，他一定會同意的，想到這裡，法拉第就又開始高興起來。

　　很快，法拉第就又回到了利博先生的店裡，但是當看到微笑著的利博先生以後，法拉第一時間又不知道怎麼開口跟他說起父母的想法。

　　善良的利博先生一下子就看出了小法拉第的煩惱，他問：

　　「是不是你父母說現在交不起食宿費啊？」

　　法拉第聽利博先生主動問自己，就輕輕點了點頭，然後說：

　　「我爸爸讓我問問你，能不能先欠著，如果先生能夠答應的話，將非常感謝您。利博先生，如果你同意的話，我將

來一定好好為你幹活，行嗎？」

「你回去告訴你爸爸媽媽，就說我不收食宿費，但是要在這裡做七年學徒，只要你來就行了。」利博先生微笑著說。

「什麼？」

法拉第一時間沒有弄明白利博先生的意思。

但是當他看到利博先生臉上微笑的表情，法拉第很快就理解了利博先生的意思，他只說了一聲「好」就飛快地跑出了利博先生的店。利博先生看著小法拉第的快樂身影，不禁笑了起來。

法拉第很快就跑到了家，父親看他跑得氣喘吁吁，就問怎麼回事。法拉第端起桌子上的茶杯，一邊喝水，一邊說：

「利博先生同意了，他不收食宿費，免費讓我做七年學徒。」

聽了法拉第的話，他的父母當然也都很高興。

法拉第的前途彷彿就如此敲定了：學好手藝，將來做一名熟練的裝訂師。而且當學徒，讀書的機會比做報童時要繁華得多！

從此，法拉第告別了父母，搬到了利博先生的店鋪裡居住，開始了他的學徒生涯。他被安排住在店堂樓上的一間小閣樓裡。

法拉第由於家境貧窮，從沒有受到過正規的教育，他的

母親是個文盲，父親也識字不多，整個家中也只有一本書，就是那本破舊的《聖經》。

書，對小法拉第來說是個多麼神聖的字眼啊！而現在，擺在他眼前的是各式各樣的書籍，有的書脊上還燙著金，書頁配有精美的插圖。除此之外，還有許多富有生活情趣的科普讀物。

這裡是書的世界，書的海洋。滿屋滿架都是書，什麼書都有，這使法拉第感到很高興，就像一個住在內陸的人第一次見到無邊無際的大海，住在平原地區的人第一次看見層巒疊嶂的山脈一樣，那股新奇勁就別提有多大了。

法拉第感到一種強烈的誘惑。他迫不及待地翻開書頁，他的手指在微微顫抖，兩眼緊盯著書中那一行行美妙的文字，閃閃發光。

這些從未見過的圖書，為小法拉第開啟了一個全新的世界。而他的工作便是將這些書籍翻新，重新裝修整理一番。

那個年代的精裝書，大多數都是用優質的牛皮來做封面，裝幀也十分講究。

每天清晨，法拉第剛剛醒來就能聞到紙張、油墨、膠水和小牛皮的特有氣味。

店門整整關了一夜，這些氣味散發不出去。每當到了第二天早晨，氣味就變得特別濃郁，在別人看來，可以說是相當刺鼻和難聞。

可是法拉第總覺得芳香撲鼻，因為那是書的氣味。同時，空氣中還散發著烤麵包和煮咖啡的香味。

多麼愜意而美好的早晨啊！法拉第覺得這一切都令人興奮極了。

小法拉第迅速地穿好衣服，深深地吸了一口新鮮空氣，悄悄地走下閣樓。他先向利博先生請過安後，便愉快地坐在了桌案前，開始了一天的勞動。

法拉第本來就是一個聰明伶俐而又招人喜愛的孩子，加之他又非常上進，沒過多久，他就掌握了書籍裝訂的全部手藝。

法拉第總是做得又快又好，把每一本書都裝訂得美觀、整潔。他的工作表現無疑讓利博先生非常滿意。

就這樣，伴隨著日漸熟練的工作，法拉第的空餘時間也就越來越多了，他也就擁有更多的時間讀自己喜愛的書了。

以前，法拉第送報的時候都是偷空才能讀報紙，而現在裝訂圖書，他就更不能放過讀書的機會了。

每晚收工以後，法拉第總是把切刀、銅尺和膠水等這些裝訂書籍的用具收拾得整整齊齊，然後經常是連飯也不吃、工作服也不脫，就坐在工作臺前全神貫注地看起書來。

不過，最初法拉第偷空看看自己經手裝訂的書，就像他以前送報的時候偷空看報那樣，只是覺得好奇，想知道這些書到底都是講什麼的，他不過是隨便翻翻看看。

可是法拉第這樣信手翻閱，竟好像撩起了智慧女神的面紗，窺見了她無比美麗的姿容，法拉第深深地愛上了她。

法拉第第一次看的是一本叫《一千零一夜》的書，書裡那些神奇而有趣的故事把他徹底迷住了。漸漸地，每一本經他裝訂的書，他都要仔細地閱讀一番。

起初，法拉第是拿到什麼讀什麼，讀什麼就信什麼，兒童有喜歡幻想的天性，讓他特別喜歡那些童話故事，甚至幻想自己就是童話裡面的人物，在那些神奇的世界裡生活。

有一次，法拉第讀了《一千零一夜》裡那個漁夫和魔鬼的故事，他感到十分驚奇，一直在想像那個魔鬼是如何變成一股青煙，又如何生活在一個小小的瓶子裡的。

法拉第還讀到了莎士比亞的戲劇集中的《天路歷程》，書中主角的命運一連幾天牽動著少年的心。

每天晚上收工以後，法拉第就坐在工作臺前，一動不動地聚精會神地看書。他有一個很好的習慣，就是看書時邊看邊記，看到好的插圖，還要特意臨摹下來。

顧客不斷地把書送來書店進行裝訂，法拉第因此有機會接觸到許多難得的好書，其中有名著，也有通俗讀物，有時還能碰到獨家收藏的圖書珍品。

凡是法拉第裝訂的書，他都要默默地瀏覽誦讀一遍。待書裝訂完畢，他對書裡的內容也有大概的了解了。

一天晚上，法拉第正看得走火入魔，一會兒發笑，一會

兒皺起眉頭，連利博先生進來都沒發覺。利博先生看著他那傻勁，不由得笑出了聲。

笑聲驚動了法拉第，他回過頭來，窘迫得小臉通紅，心裡想，這回準得挨一頓罵。

利博先生是個好心腸的人，他不但沒生氣，胖胖的臉上笑出兩個酒窩，他對法拉第說：「麥可，我知道你是個好學上進的孩子，好好地讀書吧！想讀什麼就讀什麼，通曉書中的內容並不會妨礙你成為一個好訂書匠的。別的訂書匠只曉得書的封皮，而你卻知道了書的內容，這並非一件壞事。」

法拉第碰上這樣好的老闆，心裡樂開了花，他更加孜孜不倦地讀起書來了。

法拉第漸漸被書中那色彩斑斕的世界深深吸引住了。書中那精美的插圖，新奇的知識，對法拉第而言都具有無法抗拒的誘惑。每一本經他裝訂的書，他都要認真地閱讀。

這時的法拉第讀書沒有選擇，內容非常龐雜，涉及面很廣。其中，最吸引他的是一些通俗易懂的科普讀物。

有一次，法拉第讀到一位教育學家寫的關於自學方法的書《心智論》，了解了科學的學習方法，他對科學的興趣就更濃厚了。

歌德說過：「讀一本好書，就是和許多高尚的人談話。」

少年法拉第每讀到一本好書，就像結識了一位良師益友，從中得到很多啟迪。

　　正是這些書籍，把他引上了科學的道路，也正是這些書籍給他輝煌的一生打下了基礎。

科學之路

科學家不應是個人的崇拜者，而應當是事物的崇拜者。
真理的探求應是他唯一的目標。 ── 法拉第

沉迷並逐漸愛上科學

隨著閱讀面的不斷增加，法拉第的知識也越來越寬廣。在有了對科學的興趣後，他又相繼讀了一些指導人如何讀書的著作，特別是沃茨博士寫的一些書，對他的影響更大。

從此，法拉第讀書不再盲目了，他開始有意識地進行選擇性閱讀，並從中汲取智慧的營養。

這樣，法拉第學會了怎樣更好地選擇讀物，提高學習的效率。對於法拉第來說，讀書使他獲得了很大益處。

在法拉第的眼中，每一本新書都像一艘船，正在把他從狹窄的港灣帶進了廣闊的知識海洋。

透過讀書，麥可一步步走上了科學道路。

在利博先生的店堂裡，麥可有幸讀到了馬賽夫人寫的《化學漫談》。

這天，有位貴族家的女僕人送來一本名叫《化學漫談》的科普讀物，法拉第一面細心地修補這本破損不堪的書，一面一頁一頁地翻看著，津津有味地讀了起來。

書仲介紹的化學知識引起了法拉第極大的興趣，尤其是其中的電知識，使他認識了一個神奇的領域，法拉第被深深吸引住了。

接下來的幾天時間，法拉第一直都捨不得放下這本書，

特別引起他注意的是，作者馬賽夫人提到義大利科學家伏特發明的「伏打電堆」。

書中說，伏特將銀片和鋅片疊在一起，浸在鹽水中，就做成了一個小電池，這是人類第一次使電流源源不斷地流動起來。為了表彰伏特的貢獻，學術界把這一發明命名為「伏打電堆」。

馬賽夫人還寫道，如果把足夠量的伏打電堆串聯起來，就可以把水分解成兩種氣體。

而一點火，這兩種氣體的混合氣體就會發生強烈爆炸，然後又重新變成水。啊，化學和電，竟如此奇妙啊！

這些神奇的化學實驗打動了法拉第的心，他多麼希望有機會可以親手做這些實驗。同時，他也希望可以讀到更多類似的科學讀物。

《化學漫談》被取走後，法拉第又開始大量閱讀其他書籍。這時，在他的生活中，最重要的事就是做好工作和讀書。

幸運的是，利博先生是一個非常好的老闆，他不但沒有責備法拉第不守本分，反而還鼓勵他讀書。

利博先生看著法拉第聚精會神地讀書，一會兒沉思，一會兒比比劃畫，一會兒又抄抄寫寫，心裡想：「我是開書店的，愛看書的人我見得多了，可是像這個孩子這樣愛書如命的人，倒真是少見。這個孩子真是很特別。」

　　過了一段時間，在一個細雨綿綿的下午，有一位紳士抱著一本《大英百科全書》，走進了利博先生的店鋪，與利博先生談過以後，就很快離開了。

　　法拉第小心地接過這本非常厚重的書，當他看清楚書名時，高興得差點跳了起來。

　　書很厚重，由於不小心被水浸溼了，封皮和書脊脫膠了。把這部書修好不會太困難，法拉第像修復一件藝術品，十分謹慎地把書重新裝訂好。

　　法拉第對這些工序已經非常熟悉，他先把書進行了烘乾，然後上膠，最後又用鋼尺加壓，不大一會兒工夫，這本書就像新的一樣，呈現在了小法拉第的面前。

　　工作完成後，法拉第迫不及待地讀了起來。這本百科全書內容豐富而系統，正是它帶領著法拉第走進了科學殿堂的大門。

　　當法拉第讀到《電學篇》時，被其中的內容深深吸引住了，電的神奇引起了法拉第無窮的興趣。

　　在這一部分內容中，法拉第初步了解了有關電的知識，還知道了富蘭克林、吉爾伯特等電學研究先驅的事蹟。

　　拿一根玻璃棒在毛皮上摩擦幾下，玻璃棒就能吸引紙屑，這就是電。這個他知道，他在別的書上看到過，而且自己也實驗過這小小的電的吸力。

　　可是現在《大英百科全書》裡說，可以把這些細微的電

一點一滴地儲存起來，儲存多了就可以「啪」的一下放出一個火花，像天上的雷鳴、閃電一樣。

不是在天上，而是在地上，就在自己家裡，能夠製造出隆隆的雷聲、耀眼的閃電，真是太有趣了！

科學家們關於電和磁的研究是那麼有意思，給法拉第留下了深刻的印象，這促使他抱定終身從事電學研究的決心。

用今天的眼光評價，那部全書中有關電學的論述實際上十分的簡單膚淺，但法拉第一生致力於探索電磁之謎，並且取得驚人的成就，這部《大英百科全書》對他的啟蒙起了重大的作用，可以說這本書是開啟少年法拉第智慧之門的鑰匙。

閣樓裡的實驗

《大英百科全書》裡講的那些電的現象，馬賽夫人講的那些化學實驗，把麥可完全給迷住了。他很想實驗一下，看看這個馬賽夫人說的是不是對的。

法拉第對書裡提到的實驗充滿了無比的好奇，馬賽夫人書裡說的伏打電堆、分解水、合成水等實驗，天天在法拉第的大腦裡盤旋著。

法拉第想像自己像雷神一樣，駕馭著雷鳴電閃，他想像自己像水神、火神一樣，能叫水變火，火生水，他想像自己也像那些頭戴禮帽，夾著一大沓書到店裡來裝訂的教授那樣，有自己的實驗室，一天到晚可以專心致志地埋頭做實驗。

那時的電學實驗還處在初始階段，不需要什麼高級精密裝置，化學實驗也相當簡單，有一些瓶瓶罐罐、玻璃器皿即可。

不過對一個十三四歲的窮學徒來說，要籌措這些實驗用品，也不是一件簡單的事，那是需要錢的。窮學徒哪裡來的錢呢？

貧窮像一塊巨石，橫在法拉第面前，阻擋他走上科學之路。但是困難是擋不住法拉第對科學的濃厚興趣的，他收集

著每一樣可以用得著的東西。

　　有時候，法拉第還利用休息時間，到工廠的廢品堆裡去找一些鋼絲和舊鋅片，以及其他一些可以用的小零件，或者跑到藥房裡去撿人家扔掉的小瓶子，再或者，花半個便士買一點便宜的藥品。

　　然後，法拉第再抱著這些撿來的、買來的東西，興沖沖地回到自己的小閣樓裡，裝備自己的小實驗室。

　　此外，法拉第還按照書上的插圖，自己動手做了一些小裝置。他從不亂花錢，把所有的零用錢都一點點積攢起來，然後買一些無法解決的裝置和藥劑。

　　就這樣，法拉第在自己住的房間裡建起了一個小小的實驗室。房間本來就窄小，現在擺上這一堆寶貝玩意兒，就顯得更加擁擠了。

　　不過，法拉第置身於自己的小天地裡，卻如魚得水般快活。從此，一個個實驗給法拉第帶來了無窮的樂趣，他逐漸沉浸在自己的實驗中，充分領略著知識的奧妙。

　　法拉第已經無數次想像自己的實驗，書中描述的實驗情節，法拉第早已刻在了頭腦裡，閉上眼睛也知道是什麼樣子。可是自己現在的這些瓶子實在太小了，根本就不能用來做較大的實驗，到哪裡去找大瓶子呢？

　　有一天，法拉第在一家舊貨鋪裡看到有玻璃瓶子賣。中等大小的兩個賣一便士，大的兩個賣六便士。

　　法拉第眼前一亮，高興得差點叫出聲來。原來那些大瓶子的大小，正好同書上講的儲電瓶和發電機一樣。

　　有了這樣的兩個瓶子，就可以做一套絕妙的電學實驗儀器了。法拉第想，這一點兒都不比《大英百科全書》上講的差！可是要花上六便士，哪裡來這麼多錢呢？

　　思來想去，法拉第還是決定先把兩箇中等大小的瓶子買回來，也許能將就著用。

　　於是，法拉第就把那兩個瓶子買了回來。他開始照著書上畫的樣子做了一個發電機，法拉第滿心以為這次要看到美麗的情景了，那可是無數次在夢中出現的情景啊！

　　可是結果卻讓法拉第有點失望，因為實驗的結果，根本就沒有達到他理想中的狀態，這可怎麼辦呢？

　　法拉第想了又想，他知道這是因為電量不夠，要大瓶子才能容納足夠多的電。

　　可是一個大瓶子要三便士呢！法拉第可沒有那麼多錢，他只好無奈地聳聳肩。不過他不會放棄，他下決心一定要攢錢。

　　為了這個價值三便士的大玻璃瓶，可憐的法拉第每次出去送書，他總是不由自主地拐到那家舊貨鋪的門前，把那個瓶子看上兩眼，然後才依依不捨地離去。

　　也不知道經過了多少個星期，法拉第終於湊夠了六便士，他終於可以把兩個大玻璃瓶買來了。

那一天，法拉第雄糾糾、氣昂昂地抱著自己心儀已久的兩個大瓶子，像捧著寶貝一樣把瓶子捧回了閣樓。

從此，每天晚上一下工，法拉第就鑽進那間閣樓實驗室，點上一支蠟燭，開始做實驗。

以前法拉第從未經過嚴格的實驗訓練，而在這一時期的實驗，恰恰彌補了他這方面的不足。

由於每一件儀器、每一點藥品、試劑都來之不易，所以法拉第倍加珍惜。

對每次進行的實驗，法拉第都本能地設計好周密的實驗步驟，仔細觀察和分析實驗的結果，以免造成任何一點浪費和不必要的損失。

正是這種非常的境遇，培養了法拉第超凡的實驗本領和善於觀察的能力。這對他以後在科學道路上縱橫馳騁，造成了極其重要的作用。

因為一個科學家能否取得重大成就，在相當程度上取決於他是否嚴謹和仔細。

法拉第有一個筆記本，裡面用工整的小字抄錄了《化學漫談》和《大英百科全書》中的電學和化學實驗，還配有精美的插圖。

按照書上的說法，如果把鋅放到鹽酸裡，就能釋放出一種可以燃燒的氣體。於是，好奇的法拉第就照著書上說的去做了一個實驗。果然，「噗」的一聲，當鋅放進去的一剎

那，燒杯裡的液體就燃燒起來，冒出藍色的火苗。

這種會燃燒的氣體就是英國的大科學家卡文迪西在 1766 年發現的氫氣。《大英百科全書》上說，在玻璃瓶內外敷上一層錫箔，給它充上電便可產生猛烈的放電現象。

這便是著名的「萊頓瓶」和電震現象，是荷蘭學者克萊斯特在萊頓城這個地方發現的，故名「萊頓瓶」。如果在瓶子裡裝有水，電震程度就會更加厲害。

法拉第為準備這個實驗花費了許多時間和精力，除了大玻璃瓶，買錫箔又花了他四個便士，還有從瓶口伸出來的金屬棒是找一個朋友要的，這根金屬棒透過瓶裡的水，同裡層的錫箔相接，就形成了一個電極。

此刻，法拉第睜大了兩眼，期待著神奇的放電那一刻的出現。他先用簡易的伏打電堆，給土製的萊頓瓶充足電。

然後，法拉第小心翼翼地用細銅線把外層錫箱和金屬棒連線起來，就在細銅線接近金屬棒的那一瞬間，果真有火花閃爍，還伴有「啪、啪」的響聲。

啊！這不就是驚心動魄的雷電嗎？法拉第看到這些，不禁欣喜若狂。透過自己的實驗，他終於明白了雷電是怎麼回事。

他高興得如痴如狂，拍著手在小閣樓上又跳又叫：

「成功了！我成功了！」

法拉第已經忘記了自己在什麼地方，也忘記了現在是幾

點鐘。夜已經很深了，周圍的人都早已進入了甜美的夢鄉。除了他的那個小窗戶裡還搖曳著淡淡的燭光，四周已經是一片漆黑。

法拉第從實驗中得到了莫大的樂趣。因為他的實驗的確證明了書中所述內容的真實性，而且實驗的成功使他覺得，這些現象就好像是他自己的發現一般。

在少年人的心中開始萌發了對科學的熱烈嚮往。閣樓實驗室也成了法拉第一生事業的起點。

法拉第就是這樣，常常沉浸在他的實驗中，忘記了周圍的一切。

在那個時代，一般人說起化學，幾乎就如講著神話。

什麼紅的變白的，白的變紅的，人們總是把這些當成魔術之類的玩意兒看待。至於電，噼噼啪啪，火光閃閃，人們更是覺得就像巫術那樣神祕而又可怕了。

麥可每天就在小閣樓上不厭其煩地做著各種化學實驗和電學實驗，而且一做就直到深夜。他的「古怪」行為漸漸引起了利博先生和鄰居們的注意。

一天，利博夫人發現餐桌上的食鹽越來越少，一小罐食鹽，兩天就見底了。她十分納悶，食鹽到哪兒去了呢？原來法拉第用鹽去做他的「伏打電堆」實驗去了。

「這孩子準是被實驗迷住了心！」利博夫人搖著頭說。

「任他去吧，鹽又不值多少錢！」利博先生非常大度。

「這孩子將來說不定會有大出息呢!」

每天夜裡,「乒乓」「噼啪」的聲響不時地從閣樓裡傳出來,有時還伴有奇怪的閃光。還有一次,幾股濃煙從小閣樓的天窗裡噴了出來,這著實讓鄰居們大吃一驚。

在當時,化學實驗對一般人來說是根本就無法理解的東西,他們把實驗中那些變來變去的顏色、「啪啪」的火花和「嘶嘶」作響的氣體,都看成是魔術之類的玩意兒。

於是,左鄰右舍們都開始議論這件事。

周圍的鄰居聽到聲音都擔心地議論:

「你說利博家那個小徒弟是不是不正常,一天到晚擺弄那些亂七八糟的東西。」

「我老聞到他那間小閣樓裡有股難聞的氣味,還不時發出點兒奇怪的聲音,有時還有火光,他遲早得闖出大禍。」

「他該不會是中邪了吧?要不叫利博先生帶他去醫院看看。」

「那孩子深更半夜又叫又笑,莫不是精神病吧?」

「那孩子中了邪,他在玩鬼火哪!」

「利博老闆,你那個小學徒每晚在樓上搞什麼鬼啊!別把房子點燃了!」

「唉,還是把他帶到醫院去看看大夫吧,也許是患了夢遊症。」

左鄰右舍告上門來,利博先生聽到這些風言風語後開始

有些擔心，怕法拉第不小心把自己電死，或者把房子點著了。這一天，他找到法拉第，對他說：

「孩子，我不知道你在搞些什麼，但是你一定要小心，別胡來，千萬別闖禍。」

看著利博先生慈愛、關心的眼神，以及神情中掩藏不住的擔憂，法拉第笑著說：

「利博先生，您不用擔心，我是在做科學實驗。這都是我從書上學來的，都是有科學根據的，不是胡來，不會出問題的。要不，您到我的實驗室來，我表演給您看。」

利博先生決定親自上小閣樓看看小法拉第每天晚上在樓上搞些什麼，利博先生和太太在法拉第的帶領下，來到了他的小閣樓。

法拉第在前面開啟門，一股刺鼻的氣味立即湧了出來。

利博先生向法拉第的身後望去，只見桌上地下全是些杯杯缽缽、瓶瓶罐罐，猶如上世紀的博物館，又如一個廢品收購站，滿屋子散發著刺鼻的酸氣。

利博太太看著這麼亂的房間，不禁連連搖頭。可法拉第一點兒也不在乎自己住處的環境問題。

「啊，這就是你的實驗室，大師？」利博先生開玩笑地說道。

只見法拉第熟練地把不同的東西不停地摻在一起，就好像變魔術一樣，不同的顏色在他手中變換，有時還會出現火

花、煙霧。

望著「噼噼啪啪」的火花，利博先生露出了驚奇的笑容，利博太太也看呆了。

然後，法拉第對利博先生和他的夫人說：

「我是照著書上講的做實驗，請你看看我的筆記，裡面就是這樣寫的！」

利博先生翻看著小法拉第工整的筆記本，不禁讚嘆他的細緻和耐心。利博先生明白了，法拉第是在勤奮學習，不是在瞎玩。

利博先生拍著法拉第的肩膀說：

「孩子，你這是在做科學實驗，可千萬要小心，注意安全呀。」

利博先生和太太雖然並沒有看懂這些實驗，但是他們都被法拉第熱情、全神貫注的精神所感動。

利博太太摸著法拉第的頭，一邊笑著一邊搖頭說：

「我一直在奇怪，為什麼鹽罐裡的鹽總是很快就沒有了，老鼠又不偷鹽吃。原來這些鹽都被你這隻小老鼠弄到這個實驗室裡，做什麼電池了。你喜歡做實驗沒什麼的，但是一定要注意安全，要小心。知道了嗎？」

法拉第仔細地向他們解釋放電的原理，令他遺憾的是，利博夫婦如墜雲裡雲霧，一臉的困惑。

法拉第開始感到，如有機會遇到對科學有興趣的人，同

他們一同討論，該有多好啊！

然後，利博夫妻倆下樓了，他們邊向樓下走，邊談論著這個不尋常的孩子。

利博先生對他的妻子說：

「麥可這個孩子很特別，可以看得出來，他並不是在鬧著玩，他是在努力追求自己的理想，他將來一定會很有出息的。」

在這裡，利博先生的書店造成了對法拉第進行最初的科學知識啟蒙的作用，使少年時代的法拉第邁出了向科學聖殿前進的第一步。

時光如流水一般逝去。五年以後，法拉第已經成了一個小大人；他的科學知識，也隨著年齡增加而不斷增長。

法拉第已經不是一個普通的訂書匠了，幾年的努力使法拉第進入了科學之門的門檻。

他在等待機遇，一有機會，他就會跨過門檻，深入到科學的腹地。

窮困中的科學夢

1810 年初，一箇中等身材的小夥子，身上穿著單薄的衣服，腋下夾著一包書，在艦隊街上匆匆地行走著，他就是法拉第。

時間過得飛快，轉眼間，法拉第在利博先生的店鋪裡當學徒已經有五年的時間了。

現在法拉第的手下已有兩個報童可以供他差遣了，可是還有許多事情，東家交給別人做不放心，還是情願叫法拉第親自去做才滿意。

比如，書籍裝訂好以後就要及時送回到顧客家裡。像這類事情，是常常要法拉第親自去做的。

在那個年代裡，書籍被人們視為很貴重的物品，有些顧客對裝訂很是挑剔。利博先生認為把書交給法拉第送，那是一定不會出差錯的。

因為，利博知道這小夥子愛書如命，絕不會把書弄髒弄壞的。東家知道這一點，顧客也知道這一點。

這一天，法拉第像往常一樣去給一位顧客送修補好的書，夾在法拉第腋下的是英國著名詩人彌爾頓的代表作《失樂園》和《復樂園》，他要把書送到一位醫生家裡。

法拉第為了抓緊時間，在街上走路總是急匆匆的。那些

豪華的大商店，櫥窗裡陳設得琳瑯滿目，從來也引不起他的興趣。

可是今天，法拉第突然間停住了腳步，眼睛盯著海報欄上張貼的一張海報，一動也不動。

這張海報同其他所有的招貼都大不相同，它沒有花花綠綠的顏色打扮，白底藍字，樸實無華。但是海報上的內容，卻像有魔力一樣，法拉第被它深深地吸引住了。海報上寫著，塔特姆先生準備在多西特街 53 號做自然哲學講演，每次聽講收費一先令，也就是 12 便士。

在當時，人們用「自然哲學」來泛指自然科學，尤其是物理學。

工業革命帶動了人們追求科學的興趣，逐漸在上流社會形成了一種風潮。所以，經常有一些科學界的名人在自己家舉辦科普講座。

自然哲學，這正是法拉第喜歡的內容，要是能去聽一次課該有多好，他是多麼想去聽講啊！

法拉第下意識地把手伸到了褲袋裡，渴望這個時候口袋裡能有一先令，可是他只攥到了一把褲袋布，口袋裡仍舊空空如也。不要說一先令，就連一個便士他也沒有啊！

法拉第覺得自己的心跳得是那樣的快，自然哲學講演對他來說有著無法抗拒的魅力。

雖然說自己根本就沒有錢去聽講座，可是法拉第還是在

那張海報前站了很久，彷彿這樣就可以聽到講課似的。

天色已經漸漸黑了下來，法拉第不由得輕輕地嘆了口氣，一步一回頭地離開了那裡。

法拉第的寶貝萊頓瓶花了他那麼多的心血，也沒有用上一個先令。而如今，如此昂貴的入場券，實在是令他望而卻步。

可是這個誘惑力對法拉第來講實在是太大了，他實在是不忍心錯過這次大好的機會。一路上，他都在心裡思索著這件事，如何才能搞到這一先令的入場券錢呢。家裡實在是太窮了，根本無法給自己拿出一先令來。

等到法拉第把書送到指定地點，然後再回到店鋪裡，天色已經很晚了。平時，法拉第總覺得利博太太的手藝很好，可是今天面對著滿桌可口的飯菜，他卻一點兒胃口也沒有。

法拉第匆匆吃完晚飯，就回到了自己的小閣樓裡。

這間小閣樓屋頂是斜的，窗戶很小，裡面又冷又暗。可是只要關上那扇薄薄的房門，這裡就是他的世界了。

在這個世界裡，沒有財富，也沒有貧困，只有他法拉第一個人，陪伴著他的是他收集、製作的藥品和儀器。

要在平時，法拉第只要從床底下、桌子底下把那些小瓶子、大瓶子搬出來，就能忘卻外面世界的一切，陶醉在自己的科學世界中，感覺到的是五彩繽紛、溫暖、光明和幸福。

但是在今天，法拉第卻有點神不守舍了。他在自己的小

閣樓裡，看著一屋子的實驗裝置和藥劑，一點兒也找不到往日的那種快樂。他的心仍然被那夢寐以求的講座吸引著，無法逃避，也無從逃避。

海報上的那幾行顯眼的大字在法拉第的頭腦裡不停地轉動著，跳躍著。

法拉第斜靠在床上，用手摸了摸自己的額頭。莫非是自己感冒發燒了？沒有。於是，法拉第又坐起來，環顧這間小閣樓裡的「財產」。這裡都有些什麼呢？

不過是一些瓶瓶罐罐。這是他的全部家當，他每星期的零花錢，全都買了這些東西。

總共計算起來，這些東西也得值好幾個先令的。可是還不夠聽幾次講演的錢！自己辛辛苦苦累積了好幾年，難道還不值塔特姆先生的幾次講演？

不，這太不公平了。管他什麼塔特姆，我自己不是也可以做那些和書上一樣的實驗嗎？

法拉第拿出發電機來，想接著做昨天晚上的實驗。他眼睛盯住記錄實驗結果的本子，手裡搖著發電機。

可是，剛搖了幾下，海報就又鑽進了法拉第的腦海。「塔特姆先生，自然哲學講演」，「塔特姆先生，自然哲學講演」……

法拉第發現自己記錄實驗的本子上，全都成了海報上的那兩行字。法拉第越想越心煩，早早地就上床睡覺了。

　　法拉第提前上床本想借睡眠來逃避殘酷的現實，可是這個辦法根本就不管用。他翻來覆去，怎麼也睡不著。

　　法拉第躺在床上，望著天窗外茫茫的星空出神，久久無法入睡，白天看到的海報還是不斷地在眼前閃現。

　　不知道過了多長時間，他才迷迷糊糊睡著了，那天晚上他做了一個夢。他看見塔特姆先生長著一臉大鬍子，笑容可掬地從講臺上走下來，向他伸出手道：

　　「親愛的小夥子，歡迎你免費來聽我的講座！」

　　法拉第喜出望外，高興地跳起來。

　　不想，「咚」地一下撞在天花板上，原來是空歡喜一場。他多麼希望能有奇蹟出現啊！

專注聆聽科學講座

自從看到海報的那一天起，法拉第的全部心思就都放在了自然哲學講演上，他已經有些著魔了。

現在的法拉第，要麼一個人沒精打采地坐在某處沉思，要麼興高采烈地和每一個人談論著塔特姆先生的講座，看樣子就好像他剛從塔特姆先生家回來一樣。

星期天，法拉第回到了家裡，可是那個廣告還在他的眼前不停地晃動。他幾次試圖要把廣告的影子從腦海中抹掉，但都沒有成功。

法拉第到了家，就忍不住拉著哥哥洛博大談特談塔特姆先生的自然哲學講演。

看著興致勃勃、神采飛揚的弟弟，洛博也被他快樂的情緒深深感染了。

「這位塔特姆先生一定很有名吧？」洛博問。

「那當然了。」

「他講演時是不是也會做那些你給我表演過的實驗？他講得精彩嗎？他長得什麼樣？」

面對哥哥接連提出的問題，法拉第說不出話了。他根本就沒聽過塔特姆先生的講演，他怎麼會知道這麼多呢！

洛博似乎看出弟弟不太對勁兒，便關心地問：

「你怎麼了？怎麼不說話。」

「我，我根本就沒去過塔特姆先生家，沒聽過他的講演。」

「怎麼會這樣，為什麼？」

「他每次要收一先令，太貴了，我沒有那麼多錢。」

「哦，原來這麼回事啊！」洛博聳了聳肩膀說。

洛博到利博先生的店裡去過，看過法拉第擺弄那些電學儀器，產生「劈里啪啦」火花的時候又跳又叫，表現出一副欣喜若狂的樣子。

洛博知道，這些自然哲學的玩意兒，是法拉第生活中最大的快樂。法拉第要是有錢，不用說每次一先令，每次一鎊他也會去的。

洛博看著弟弟失望的神情，再想想剛剛那個神采飛揚的麥可，毫不猶豫地掏出一個先令，遞給了他。

「來，拿著，哥哥出錢，你去聽講演吧。」

「不，我不能拿你的錢，我根本就不想去。你才剛出師，賺不了幾個錢，還要養家，還要給爸爸看病，還要……」

法拉第一口氣說道。

「沒關係，我還有錢，拿著吧。你那麼喜歡那些東西。」

最終，哥哥的堅持和對科學的熱愛使法拉第讓步了，他收下了洛博的錢，準備去聽塔特姆先生的自然科學講演了，

這不是因為他太自私，是科學對他的吸引力太大了。

法拉第拿著哥哥給他的錢，得到利博先生的許可，到多西特街 53 號塔特姆先生的客廳裡聽自然哲學講演來了。

塔特姆先生的客廳裡座無虛席。法拉第坐在前排的正中央，他安安靜靜、全神貫注地傾聽著演講，並不時地用筆做著記錄。

有趣的是，法拉第感覺塔特姆就像在夢中見到過一樣，他長著一臉的大鬍子。他的知識非常淵博，善於運用比喻，這次講座非常精彩。

法拉第的筆記本上不但寫下了一行行工整的小字，記下了塔特姆先生的講演，而且把塔特姆先生做實驗用的儀器也仔仔細細地畫了下來。

法拉第從小就練得一手好字，至於圖畫，他是剛從一個名叫馬克里埃的法國畫家那裡學來的。

這位馬克里埃先生曾經在巴黎紅過一陣，他還幫拿破崙皇帝畫過肖像。他像許多擁護過大革命，追隨過拿破崙的法國人一樣，到後來終於厭煩了皇帝陛下無休止的征戰。

很自然地，時間長了，在馬克里埃感到厭煩的時候，皇帝陛下對他也開始厭煩了。於是，他不得不橫渡英吉利海峽，來到法國流亡者的大本營 —— 倫敦。

巧得很，這位法國畫家就借住在利博先生店鋪的樓上，和法拉第成了鄰居。對於法拉第來說，這可真是個難得的

好機會。

這個小夥子，對世上的一切都覺得那麼的好奇，似乎任何東西都對他有著無窮的吸引力。他什麼都想學會，而現在正有一位畫家就住在旁邊，要是不向他學習繪畫，那就太可惜了。

法拉第想，要是能夠學會投影和透視，逼真地、藝術地把眼前的東西畫下來，就像那些書裡的插圖一樣，那該有多好啊！

馬克里埃看法拉第學畫心切，就答應教他。然而，作為交換條件，法拉第要替馬克里埃擦皮靴、收拾房間。

這位畫家是位很挑剔的人，而且患有藝術家的通病：散漫與不修邊幅。

他的房間總是像雞窩一樣亂糟糟的，又像是經過改造的顏料工廠，但他卻要求自己腳上的皮靴永遠鋥亮。

這可把法拉第給難住了。常常是法拉第剛剛收拾完乾淨的房間，保持不了三分鐘的整潔，屋裡就又成了花花世界。

然而，藝術家的心眼並不壞，他教法拉第畫畫也挺認真，可是有一點，就是他的脾氣不怎麼好。有時候，明明是他自己把皮靴弄髒了，卻罵法拉第懶惰，沒有替他擦亮。

有好幾次，法拉第都被藝術家給罵火了，他實在忍不住就想對罵：「去你的吧，法國鬼子！你那雙該死的皮靴，還有你的畫，通通見鬼去吧！」

可是，有著超常耐力的法拉第終究還是忍住了。他壓住怒火沒有罵出聲來，他把一切都壓在了心底，繼續堅持學下去。

現在，法拉第看著自己在塔特姆先生講演時候記下來的圖畫，心裡很高興。

只要付出了辛勞，就一定會有所收穫，學到手的知識，總會有用處的。法拉第真真切切地體會到了這個道理。

法拉第聽完塔特姆先生的講演，回到利博先生的店鋪裡時已經是深夜了。

樓上樓下的人全都睡了，可是他卻像朝聖歸來的宗教信徒一樣，胸中燃燒著一團火。

法拉第坐在輕輕搖曳的蠟燭前，拿起了鵝翎筆。

他耐心細緻地把筆尖修得尖尖的，然後便開始謄抄自己聽演講時所做的潦草筆記。演講中聽到的每一句話，他都細細地推敲，每一張圖，他都要求精益求精。

哥哥洛博看到法拉第對聽講座有著如此大的興趣，便又給了他幾個先令。

如此一來，在哥哥的無償幫助下，從 1810 年 2 月至 1811 年 9 月，法拉第斷斷續續地聽了十幾次塔特姆先生的講座。

法拉第每次去聽講座都覺得自己充實異常，同時，透過聽講座他還結識一些新朋友，他們也都是熱愛科學的年輕

人。大家彼此交流，法拉第頓覺受益匪淺，也開闊了視野。

在這一年多的時間裡，法拉第的筆記已經有厚厚的一疊了，他把謄抄清楚的筆記裝訂起來，起名為《塔特姆自然哲學講演錄》。

對於這本書，法拉第就像裝訂《大英百科全書》那樣仔細、認真，因為這可是他第一次記錄科學知識。

後來，法拉第把這本自己記錄、自己裝訂的《塔特姆自然哲學講演錄》送給了利博先生。

利博先生捧著這份禮物，戴上老花眼鏡，仔細地檢視它的裝幀工藝。從封皮、書脊和扉頁的安排，再到書寫的款式，全都檢視到了。他看完禮物，慢慢抬起頭來，和法拉第炯炯有神的目光正好相遇了。

利博先生捧著這本書，對法拉第微笑著，同時嘴裡不停地說著：

「謝謝！孩子，真是太謝謝了！」

利博先生知道，這本講演錄浸透了法拉第的心血。看得出來，其中的每一個字，每一幅圖，一筆一畫都是那麼仔細。而在裝訂設計上，法拉第也費了不少心思。

這麼珍貴的東西，法拉第捨得將它送給別人，一定是對那個人充滿了尊敬與愛戴。

利博先生了解法拉第的想法，所以他把這本講演錄當做珍寶一樣小心地收藏了起來。

利博先生心裡說：

「孩子，你是很特別的。隨便做什麼事情，你都那樣認真。」

是的，法拉第做事特別認真，這是貧困磨礪出來的品質。因為他窮，因此他比一般人更珍惜生活給他的每一個機會。

年輕的法拉第看上去外表沉靜、謙和，沉默寡言，臉上總是掛著友善的微笑，但他的內心深處卻潛藏著一種澎湃的激情和堅忍不拔的毅力。

法拉第這個鐵匠的兒子，無論是貧窮、磨難，還是艱苦的環境以及其他任何的誘惑，都無法動搖他的堅強的意志。否則，他的一生恐怕真的會埋沒在書店裡！

法拉第做任何事情都十分認真，他喜歡裝訂工作，幹起活來總是勤勤懇懇，但那只是一種敬業的表現。他真正的夢想，是從事科學研究。

《化學漫談》、《大英百科全書》在法拉第心中點燃的聖火，一直未曾熄滅。每當他躲在自己的小閣樓裡，擺弄電瓶，或是那些五顏六色的化學藥品時，他便把一切煩惱都拋到了九霄雲外。

塔特姆的自然哲學講座，把他心中的聖火，扇得更旺了。十幾次聆聽，一本精裝的筆記，法拉第已經十分滿足了。

　　一個青年裝訂學徒，能夠站在科學的門邊向裡張望，他覺得是一種幸運，是一種滿足。

　　「自己能夠走進這座殿堂嗎？」這個念頭，時常像閃電一般掠過法拉第的腦海。

獲得資助，進一步追求

在書籍裝訂行業裡，利博先生也是一個很特別的人。他脾氣特別好，為人處世也非常講信用，不少學術界人士都把書送到他的店裡裝訂，所以店鋪裡的生意一向都很興隆。

這樣一來，也給法拉第提供了認識上流社會紳士的絕好機會，其中有些人還是專門從事科學研究的，皇家學院的丹士先生就是其中的一位。

丹士先生個子瘦高，猶如一隻仙鶴。他待人幽默慷慨，每次來到店裡的時候，他總要說句笑話給法拉第聽，所以和法拉第很熟。

在很早以前，丹士先生每次來書店，也都會注意到法拉第。

因為法拉第幹活又快又好，尤其是他會將裝訂好的書捧在手裡，喜歡瞇起眼睛裡裡外外端詳一番，並不停地翻看著，完全是一副痴迷的樣子。

法拉第的這些動作，丹士早就看在眼裡。他由此也知道法拉第是一個非常愛書的孩子。

丹士先生覺得法拉第和別的孩子不一樣，而且法拉第的舉止也很特別。

出於好奇，丹士先生主動和法拉第攀談起來，聊了一會

兒，他就感覺到了這個小夥子對科學的熱愛。

從此，法拉第給丹士先生留下了很深的印象。

有一天，丹士先生夾著一摞書，跨進了利博先生的店堂。他一眼就看到坐在角落裡幹活的法拉第，就把書交給利博先生，自己走到法拉第面前，看他裝訂書。

丹士先生俯下身來輕輕拍拍法拉第的肩頭說道：

「哇！小老弟，最近又有什麼大作出手？」

「喔，是丹士先生，我正在裝訂別人的經書。」

法拉第抬起頭來，靦腆地笑道。

這時，利博先生神神祕祕地來到丹士先生面前，寒暄之後，他微笑著問丹士先生，是否願意看看法拉第自己裝訂的筆記。

丹士先生說十分喜歡。

利博先生小聲說：

「請您等一會兒，丹士先生，我這就去取。」

丹士先生等了一會兒，就見利博先生小心翼翼地捧著一本書走了出來。剛開始，丹士先生還以為這是利博先生收藏的珍本，接過來一看，才知道原來是一本筆記，封面上寫著幾個漂亮的花體字「塔特姆自然哲學講演錄」。

當丹士先生知道這是法拉第的「傑作」時，真是驚嘆不已。

他帶著不相信的表情，隨便翻開一頁。然而，丹士迅

速被書裡面詳盡的記錄、精美的插圖所吸引，看得他讚嘆不已。

丹士不停地翻看著，讀著裡面詳盡而準確的記錄，欣賞著一幅幅精美的插圖，嘴裡不時發出讚嘆的聲音。

這本講座筆記之工整、內容之詳盡，完全在他的意料之外，尤其是還配有素描的插圖，足見記錄人的細心和扎實的功底。

這本冊子顯示出法拉第對科學內容的理解力和嚴謹的作風，給丹士先生留下了很深的印象。

丹士先生被這個小夥子的學習精神深深打動了，他覺得他必須為這個好學的孩子做點兒什麼，幫他學到更多的東西。

「皇家學院你去過嗎？」丹士先生問法拉第。

「沒有去過，先生。」法拉第說。

「那你對皇家學會的一些情況有所了解吧？」丹士先生問道。

「嗯，聽說它是前幾年成立的……」

丹士先生一下樂了：「很多人都以為皇家學會才成立幾年。實際上，早在 1660 年代它就建立了，偉大的牛頓就曾任皇家學會的會長。」

法拉第聚精會神地聽著丹士先生說下去。希望進一步了解英國皇家學會的歷史。

　　原來英國皇家學會是英國資助科學發展的組織，成立於1660年11月，並於1662年、1663年、1669年分別領到了皇家的各種特許證。

　　英國女王是學會的保護人，全稱「倫敦皇家自然知識促進學會」。這個學會的宗旨是促進自然科學的發展。它是世界上歷史最長而又從未中斷過的科學學會。它在英國起著全國科學院的作用。

　　英國皇家學會的成立是在1660年查理二世復辟以後。當時倫敦重新成為了英國科學活動的主要中心，對科學感興趣的人數大大增加，人們覺得應當在英國成立一個正式的科學機構。

　　因此倫敦的科學家在格雷山姆學院克里斯多佛·雷恩一次講課後，召集了一個會，正式提出成立一個促進物理和數學實驗知識的學院。約翰·威爾金斯被推選為主席，並起草了一個「被認為願意並適合參加這個規劃」的41個人的名單。

　　不久，羅伯特·莫雷帶來了國王的口諭，同意成立「學院」，莫雷就被推選為這個集會的會長。

　　兩年後查理二世在許可證上蓋了印，正式批准成立「以促進自然知識為宗旨的皇家學會」。

　　布隆克爾勛爵當上皇家學會的第一任會長，第一任的兩個學會祕書是約翰·威爾金斯和亨利·奧爾登伯格。

　　皇家學會的會員在 1660 年創立時有 100 餘人，到 10 年後增加到 200 餘人，但是在 17 世紀快要結束時，人們對科學的興趣開始下降了，所以在 1700 年時只剩下 125 位會員。

　　從這以後會員人數又增加起來，到 1800 年達到了 500 人，但是 500 人中真正談得上是科學家的還不到一半，其餘都是些名譽會員。

　　最後，丹士先生說：

　　「這個以傳播科學知識為宗旨的最高科學機構，曾經幾度衰落幾度興盛，直到 1799 年，就是你剛才提到的時間，才由皇室正式成立了皇家學院。裡面有圖書館，還有一流的實驗室，每週五都有演講會，你應該去那裡聽一聽。」

　　「我？是的……我很想去。」

　　法拉第興奮得臉都紅了，心裡卻想這是永遠不可能的。不過透過丹士先生介紹，法拉第對英國皇家學會有了更深的認識和了解。

　　幾天之後，丹士先生又來到書店，法拉第看到丹士先生走來，就放下手裡的裁剪刀，拿起一本厚書，準備請教。

　　可是丹士先生卻先開口了，他笑咪咪地問道：

　　「法拉第先生，你猜我給你帶什麼禮物來了？」

　　「丹士先生，您好。我猜不到，您帶什麼來了？」

　　「你告訴我，你想去皇家學院嗎？你想去聽戴維教授的

化學講演嗎？」

「戴維教授！真的？」

法拉第覺得自己的心跳似乎停了一拍，在他的心目中一直認為戴維教授的講座是世界上最棒的，去聽戴維教授的化學講演是他由來已久的夢想。

這時，只見丹士先生從口袋裡掏出四張皇家學院的入場券送給了法拉第。

法拉第簡直是難以相信自己的眼睛，但當他看見丹士先生表示肯定的微笑的神情和手中實實在在的入場券，這才深信不疑眼前發生的一切。

法拉第頓時被一種巨大的幸福感包圍著，他真想舉起雙手來大聲地歡呼，他恨不得把自己的欣喜告訴給他所見到的每一個人。這四張皇家學院的入場券對法拉第來說，是何等珍貴的禮物啊！

去聽戴維教授的講演是法拉第一直以來的心願。他雖然並不認識這個戴維教授，可早已從丹士那裡多多少少聽說過他。

在法拉第的心目中，戴維先生幾乎就是自己的偶像。可這一切對於一個窮學徒來說，是多麼奢侈的願望啊，在別人看來，他去聽戴維先生的演講是根本不可能的。

而這意外獲得的四張入場券，對法拉第而言簡直是天賜的禮物，這種喜悅是無法用語言來形容的，他感覺自己的手

都有些發抖了。

丹士先生和藹地看著法拉第，年輕人那雙清澈透亮的大眼睛，泛出一片特別動人的柔和的光彩。

丹士突然間覺得，自己彷彿看到了這個年輕人靈魂的純潔和內心的激情，看到了他的希望和理想。

「年輕人，你對一切都感興趣。你對戴維教授的講演一定會感興趣的。你拿去吧，去聽吧！」

說著，丹士把四張入場券全都塞在法拉第的手裡。

法拉第一邊小心翼翼地捏著入場券，一邊激動地對丹士先生說：

「丹士先生，您真是個大好人，真是太感謝您了！您如果有時間的話，能不能再跟我解說英國皇家學會的事情呢？」

聽法拉第對科學如此感興趣，丹士先生笑著說：

「好吧，給你介紹點關於皇家學院演講的事情吧，這得先從倫福德伯爵說起。」

原來倫福德伯爵原名叫湯普森，他可是一位傳奇式人物。

他 1753 年出生在美國，小時候當過學徒，靠著刻苦自學，當上了教師，後來又娶了一個有錢的寡婦，年紀輕輕就發了財。

美國獨立戰爭的時候，湯普森加入了革命軍。但他骨子

裡卻是個保王黨，在一個風狂雨暴的日子，他背叛了革命軍，逃到一艘英國軍艦上，從此便來到了英國。

湯普森聰明能幹，風度翩翩，也很有智慧。因此，他不久就在英國的官場嶄露頭角。1784 年，這個生性喜愛冒險的年輕人來到了慕尼黑，替巴伐利亞選侯效勞。

湯普森很快又贏得了新主人的青睞，仕途上可謂一帆風順，他不久就當上了英國的國防和警察大臣，並且被冊封為神聖羅馬帝國倫福德伯爵。

從此，這個光耀門楣的姓氏就一直跟隨著他，而過去那個窮小子、逃兵湯普森徹底被人們遺忘在腦後了。

倫福德伯爵除了追求在官場上發跡以外，他還特別喜歡研究科學。有一天在慕尼黑兵工廠視察，他發現鑽炮筒的時候發出大量的熱，能夠把水燒開。

這些熱是從哪裡來的呢？按照當時流行的說法，熱也是一種物質，叫熱質。根據熱質說，這些熱是從炮筒和鑽頭上流出來的。

倫福德並不相信這種說法，他並沒有看到炮筒和鑽頭的「熱質」減少，他只看到，由於鑽頭和炮筒摩擦生熱，它們的運動變慢了。

答案很清楚，熱也是一種運動的能量，是大砲筒和鑽頭運動的能量變成了熱。

怎樣把科學應用到生產和日常生活上，這是倫福德伯爵

最感興趣的問題。

波以耳說過：「哲學家除了頭腦之外，還需要有錢包。」他這句話是在 17 世紀說的，到 18 世紀末，情況也沒有多大改變。

科學是少數有錢人手裡的奢侈品，科學研究還需要大量的時間。要麼有一個報酬豐厚卻又無事可幹的公職，比如在沒有外交可辦的地方當外交官，要麼有富翁出錢資助，要麼自己有資產，否則是很難從事科學研究工作的。

當時的科學家和人民大眾距離很遠，老百姓不知道科學家在幹什麼，而不少科學家鑽在象牙塔裡，也不大關心老百姓的需要。

倫福德伯爵卻有了新的想法，他想改變這種科學和生活脫節的狀況，使科學為生活服務。

伯爵常到倫敦去，1796 年他在倫敦發起募捐，想組織一個慈善性的學術機構。

倫福德伯爵想要成立的學術機構有兩個宗旨，一是賑濟貧苦人民，對他們進行職業教育，使他們獲得就業機會；二是促進新發明和新技術的推廣應用，特別是在節約燃料，改進家庭生活設施方面。

伯爵的倡議得到倫敦上流社會的廣泛響應。然而，到 1799 年 3 月英國皇家學院正式成立的時候，已經和伯爵原來的倡議大相逕庭。慈善性的學術機構演變成純粹的學

術機構。

英國皇家學院和公眾發生關係，僅僅在於它定期舉行各科通俗科學講演。來聽講演的人，不再是以窮人為主，而是以貴族階級為主了。

英國皇家學院是靠私人捐款辦起來的，捐款的除了貴族官僚以外，主要是新興的工業企業家。

因此，皇家學院應該為窮人服務，但是它首先應該為工業服務，因為只有工業發展了，窮苦大眾才能找到比較好的職業，改善生活條件，這就是富翁們的主張。

皇家學院首任院長由英國皇家學會會長約瑟夫‧班克斯爵士兼任，掌實權的是理事會祕書，由倫福德伯爵擔任。

倫福德大刀闊斧幹了起來，他在艾伯馬爾街買下了一幢四層大樓，把裡面的房間改建成講演廳、實驗室、圖書室和辦公室。

格拉斯哥安德森學院的化學教授加內特，被邀前來擔任學術祕書兼化學講座的主講人。很遺憾，加內特教授口才不好，再加上最近死了妻子，情緒低落，他的演講對聽眾缺少吸引力。

加內特教授上任沒有多久，倫福德伯爵就開始物色接替加內特的人，好多人不約而同向伯爵推薦了年輕的漢弗萊‧戴維。

最後，丹士先生說：

「這個戴維還非常年輕，演講的口才是一流，而且非常具有科學天才，你聽了演講就知道了，到時可別遲到啊！」

法拉第連聲道謝，說一定不會遲到的。丹士先生拿起禮帽，輕輕揚了一下，走出了書店。

對於法拉第來說，他感到了時間的飛躍。

1812 年早春的那四個夜晚，法拉第看清了自己今後應該走的道路，下定了決心，他從一個孩子變成了成年人。

那些難忘的夜晚，像夢一樣甜美！但它們卻又是那樣真實，就像他腳下的土地一樣真實。過了許多年之後，法拉第回想起來，依舊歷歷在目，就像昨天發生的事情。

實現夢想

即使在公認的、已經完全了解的科學部門中，科學也還是處在不完善的狀態。 ──法拉第

有幸接觸學術巨匠

　　1812 年 2 月 29 日那個晚上，法拉第終於盼來了第一次去聽戴維講演的機會，這是年輕的法拉第一生中最重大的時刻。

　　法拉第吃完晚飯，換上星期天上教堂才穿的乾淨衣服，走出了利博先生的店鋪。

　　2 月的倫敦，天黑得早。昏暗的街燈照著行人，投下長長的黑影，在積雪的人行道上很快地移動。

　　皇家學院在艾伯馬爾街 21 號，是一幢凝重的白色四層大樓，離皮卡迪利廣場不遠。

　　這個廣場是倫敦西區著名的商業中心，十分熱鬧繁華。每當夜色降臨便車馬喧囂，燈火閃爍。

　　這些法拉第既看不見，也聽不見，他像在荒野裡趕路的人一樣，匆匆穿過廣場，來到了艾伯馬爾街。

　　這個時候，法拉第突然站住了，在他面前是一幢灰白色的四層大樓，正面有 14 根高大的柱子，柱子上方的石簷上刻著「英國皇家學院」幾個大字。

　　法拉第的心怦怦跳起來，從利博先生的店鋪走到這裡要不了多少時間，可是他好像經過千里跋涉來到了一個新世界的大門口，他期待、興奮、喜悅、激動。

　　法拉第當學徒已經六年多了，這六年多來，他的每一個便士，每一個空閒的鐘點及至青春的全部光華和熱力，通通都奉獻給了科學。

　　由於法拉第來得實在有點早，皇家學院的大門還沒有開。熒熒閃爍的路燈映著樓前 14 根高大的廊柱，猶如 14 位把門的巨人，冷冷地看著他。

　　法拉第在人行道上走過去，又走回來，積雪在他腳下發出「嘎吱」聲。他一邊走一邊想著皇家學院到底會是什麼樣？戴維又是什麼樣的人？

　　法拉第低著頭在艾伯馬爾街上來回踱步，心裡想著戴維教授，忽然聽到馬的嘶叫聲。他向後躲閃，一匹高頭大馬，鼻子裡噴著白色的霧氣，在他面前站住了。

　　從車上走下一位戴黑色禮帽，身穿黑色禮服的紳士和一位穿皮大衣的夫人。

　　皇家學院那兩扇沉重的大門開啟了，走出一個穿制服的差役，他謙恭地低著頭，把紳士和他的夫人迎了進去。

　　這時，又來了幾位聽講的人。有坐車來的，也有步行來的。男的、女的、年老的、年輕的都有。

　　法拉第不禁低下頭，看了看自己那條磨出了經緯的單薄的呢褲子。他覺得臉上有點熱，就深深地吸了一口氣，掏出門票，跟在他們後面，走了進去。

　　這是法拉第生平第一次跨進皇家學院的大門，心情可想

而知。大廳裡，從天頂上吊下一座花籃形的吊燈，在燈光的照耀下，大廳金碧輝煌。

法拉第從未見過如此大的場面，一時有些不知所措，正在這時，忽然聽到丹士先生在叫他的名字。

只見丹士先生也穿著漂亮的禮服，頭上戴著禮帽，煥然一新。他是專門到前廳來招呼法拉第的。

法拉第不再感到窘迫了，他跟著丹士先生登上寬大的石樓梯，來到第十排正中坐了下來。這裡居高臨下，可以俯覽全廳。

演講廳很快坐滿了人，只見通道後面，窗臺上也擠滿了人，人們都想聆聽戴維的講演，並一睹他的風采。

趁著離開始演講還有一段時間，丹士先生給法拉第簡單介紹了一下這個戴維先生的人生經歷。

1778 年 12 月 17 日，漢弗萊·戴維出生在英格蘭彭贊斯城附近的鄉村。父親是個木器雕刻匠。他 5 歲入學，是個淘氣、貪玩的學生。

戴維衣服的兩個口袋，常常是一個裝著釣魚的器械，另一個裝滿了各種礦石，這是在離家不遠的礦區撿的。

戴維有驚人的記憶力，別人講過的故事或自己看過的書，他不但記得故事情節，還能生動地講述出來。

每逢過節聚會，大人們都喜歡讓戴維背誦詩歌，小朋友們則求他講故事，這無形中培養了他的口才。

　　當戴維讀完小學後，父親送他到彭贊斯城讀書，寄養在外祖父家。在城裡有一件新鮮事吸引了他，那就是醫士配製藥物時物質的各種奇異變化。

　　此後戴維時常偷偷躲入頂樓，用碗、杯、碟當做器具，學著做起實驗來。偶爾在實驗中惹了麻煩，遭到外祖父的責備，但這絲毫也沒有減弱他對化學實驗的愛好。

　　1794 年，戴維的父親去世，家境更加困難了。為了謀生餬口，作為長子的戴維被送到當地一位名叫柏拉茲的醫生那裡當學徒。

　　這是外公和母親替他安排的人生道路，他們覺得，像他們這種家庭的孩子，能當上個藥劑師，就很不錯了。

　　但是戴維有他自己的想法，就在開始學徒的那一年，他制定了一個自學計劃，裡面開列了數不清的學習科目，單是語文，就有七門，有英文、法文、拉丁文、希臘文、義大利文、西班牙文和希伯來文。

　　一個 16 歲的少年，制定了這樣一個雄心勃勃的計畫，是絕不會甘心在家鄉的小城裡當一輩子藥劑師的。

　　戴維一方面充當醫生的助手，護理病人，學習行醫的本領，另一方面他必須天天調配各種藥物，用溶解、蒸餾的方法配製丸藥和藥水，真正地操作化學實驗儀器。

　　這時戴維才明白自己的知識太淺薄了，於是開始勤奮地學習，抓緊工作空隙認真閱讀拉瓦錫的《化學概論》等化

學著作。

透過學習，戴維做實驗的內容和目的明確了，凡是著作中講過的實驗，他盡可能地一一試試。凡是好書他都設法借到，如飢似渴地閱讀。遇到學識淵博者，他就主動求教。

恰好此時有個叫格勒哥裡·瓦特的人來到彭贊斯考察，小戴維聞信後，登門求教。

瓦特很喜歡這個聰明好學的年輕人，熱情地幫助他答疑解惑。就這樣，在四年的學徒生活中，他的知識增長很快。

在當學徒期間，戴維發現用冰互相摩擦，能使冰融化成水，為熱的運動論提供了最有力的證據。

戴維把自己的發現寄給布裡斯托爾的名醫帕多斯教授。教授看了十分折服。

當教授創辦克利夫頓氣體療養院的時候，他想到戴維。他邀請這個年輕人來主持新創立的機構。

戴維告別了故鄉彭贊斯，來到克利夫頓，就任氣體療養院院長，當時他還不滿 20 歲。

在當時，許多氣體相繼被人們發現。人體吸入氧氣，感到清新舒暢，氨氣則有強烈的刺激性。

究竟各種氣體如何影響人的生理功能？哪些氣體能用來治病？這些都是很多醫生所關心的。

帕多斯創辦的這一研究機構則專門從事這一問題的探索。帕多斯懂得化學，擅長醫術，戴維對這裡有更好的學習

和實驗機會感到滿意。

他們共事一段時間後，帕多斯發現戴維有精湛的實驗技術，是個有前途的人才，於是提出願意資助戴維進大學學醫。

但是，這時的戴維對化學興趣更濃，已下決心要一輩子從事化學研究，所以謝絕了帕多斯的好意。

1799 年 4 月，氣體療養院發生了一件事，使戴維的名聲大振：戴維製取了一氧化二氮，又名「笑氣」。有人認為它是一種有毒氣體，帕多斯認為它能治療癱瘓病。

究竟怎樣？戴維決心親自試驗一下。許多朋友都勸他，認為這樣做太危險，勇於探險的性格使戴維立即投入實驗。

醒來後，戴維覺得很難受。透過親身的體會，他知道這種氣體顯然不能過量地吸入體內，但少量的可用在外科手術中作麻醉劑。

隨後戴維將這實驗的過程和親身的感受及「笑氣」的性質寫成小冊子。許多人讀到這小冊子後，為戴維的介紹所吸引，好奇地以吸入「笑氣」為時髦。

戴維的名聲就隨著「笑氣」而宣揚開了，許多人爭先恐後地來結識戴維，此時他僅 22 歲。

戴維的詩人朋友華茲華斯、柯勒律治和騷塞，都親自試驗了「笑氣」那種使人飄飄欲仙的奇妙功效。

「笑氣」的實驗使戴維聲名大振。克利夫頓氣體療養院

的天地太小了，他終於被介紹到倫敦。

1801 年 2 月，戴維來到艾伯馬爾街 21 號。倫福德伯爵看到站在自己面前的是個 22 歲的毛頭小夥子，還帶點鄉土氣，心裡很不以為然。他叫戴維在小講堂裡試講一次。年輕的戴維從容不迫地走上講臺。

倫福德伯爵雙目微閉，坐在下面，但是戴維一開講，那優美動聽的聲音，立刻把伯爵吸引住了。

戴維講得相當快，然而用詞極其精確，一字不差地記錄下來就能成為一篇出色的文章。

倫福德伯爵不由得仔細打量起眼前這個年輕人，戴維個子不高，但身材勻稱，動作機敏，真誠坦率，很討人喜歡。

另外，戴維的前額高大，在綹綹棕色鬈髮下面顯得特別白淨，就像大理石的雕像一樣俊美。那雙淡褐色的大眼睛，亮得出奇，簡直像美酒一樣迷人。

倫福德伯爵越聽越高興。戴維講完以後，伯爵對一起聽試講的人說：「皇家學院的一切，通通都應該歸他調遣！」

戴維立即得到了任命，他的職務是皇家學院助理化學講師，兼任實驗室主任和出版部助理編輯，年薪 100 多鎊，外加免費供應的住房和煤火費。

這比戴維原來預期的年薪 500 鎊少了許多，但是像他這樣一個出身卑微，沒有受過正規教育的年輕人，能得到這樣的待遇，已經是令人稱羨不已的了。

特別使戴維高興的是，皇家學會會長兼皇家學院院長約瑟夫·班克斯爵士、倫福德伯爵和卡文迪西先生，都對他很器重。

戴維從外省來到首都，躋身在英國科學界的鉅子之列，真可謂是少年得志、平步青雲了。

1802 年 5 月，戴維 23 歲，就被任命為皇家學院化學教授。戴維教授的通俗化學講演風靡倫敦。他之所以成功，不僅是因為口才好，也是因為內容精彩。他講的大部分都是自己最新的研究成果。

到皇家學院聽戴維教授講演，談論談論電，元素，合成、分解，成了上流社會的時髦。

人們蜂擁而來，有時竟達千人之多，把會場擠得水洩不通。他很快就贏得了傑出講演者的名聲，成為倫敦的知名人士。

正如當時有人的敘述：「他的講演給人的感覺和所得到的熱烈稱讚，完全出乎想像之外。」

700 個座位的大講演廳總是座無虛席，聽眾裡面還有不少是女性。夫人、小姐們為戴維傾倒，寄來不少 14 行詩，表示愛慕之情，有署名的，也有匿名的。

戴維本來就會作詩，他寫的劇本還在劇院上演過。他的朋友、詩人柯勒律治說，戴維如果不成為當代第一大化學家，他本來會成為當代第一大詩人的。

戴維滿可以寫詩作答，和夫人、小姐們唱和。但是當時的戴維，年少氣盛，不把愛情和財富放在眼裡。他把這些香噴噴的情詩，連同達官貴人們寄來的賀信、外國科學家寄來的討論問題的信，通通扔在一個櫃子裡。

戴維從 10 時至 16 時埋頭在皇家學院的地下室裡做實驗，晚上不是作講演就是參加晚宴，上戲院，玩撞球，讀小說。

戴維一工作起來熱情得像發瘋，玩起來也是興致淋漓。雖然常常玩到深夜，但是第二天早晨，他又精神抖擻地邁著大步走進實驗室。

戴維像一顆初升的明星，迅速上升。1803 年，他還不到 25 歲，就當選為皇家學會會員。

兩年以後，戴維又獲得英國皇家學會的最高榮譽柯普萊獎。他在皇家學院的講演吸引了大批聽眾，也募來了大量捐款。

1807 年底，戴維生了一場大病，前來探望的人實在太多，不得不在皇家學院的大門口張貼「戴維教授病情公報」，就像王公國君病重的時候一樣。第二年戴維沒有舉行講演，結果皇家學院的收入從上一年度的 4000 多鎊下降到 1000 多鎊。

戴維到皇家學院以後不久，倫福德伯爵和法國化學家拉瓦錫的寡妻結婚，搬到巴黎去定居了。

戴維教授成了皇家學院的靈魂。由於他的努力，皇家學院成了英國科學的中心。

戴維在 33 歲時，已經贏得了崇高的國際聲譽。他對於氯氣的研究，他所發現的鈉和鉀，給全世界留下了深刻的印象。

聽了丹士先生的介紹，法拉第由衷地欽佩這個戴維先生，心想自己現在能夠坐在演講廳裡，親耳聆聽他的講演，實在是一生的幸事，他盼望著戴維先生早點出現。

法拉第的座位下面有一條通道，前面有欄桿，坐在這裡居高臨下，既看得清楚，做筆記也方便。

法拉第伸展了一下身子，想坐得更舒服一些。他伸伸手臂，耐心等待著。他的心情，既像等待演員出場的觀眾，又像準備登場和觀眾見面的演員。

過了一會兒，戴維終於出現了。戴維這時還不到 34 歲，滿頭棕色鬈髮，神采奕奕，目光迷人。他穿著講究，中等身材，健步走上講臺。演講廳裡立刻響起了熱烈的掌聲。

戴維邁著輕快的步伐走到馬蹄形的大講桌旁邊，向大家頻頻點頭。他又向前走了兩步，站在馬蹄形講桌的中央，向大家微笑了一下。大廳裡安靜下來，戴維開始講了。

戴維講的題目是發熱發光物質。講得那麼輕鬆，卻又那麼透澈。他精神抖擻，神采奕奕，天才的光華和熱力，似乎正從他的身體裡向外輻射。

法拉第完全為他的精彩講演吸引著，幾乎入了迷，起初都忘了記筆記。隨之他醒悟過來，立即開啟筆記本，一字不漏地記下了戴維所講的內容。

一個小時的演講，戴維把每一位聽眾都征服了。他詩人般的氣質，優雅的風度，雄辯的口才，不斷地贏得滿場喝采。

法拉第聽得如痴如醉，有幾次，他發現戴維在注視自己。也許這位科壇驕子是在抬頭看鐘，因為掛鐘的位置正好在法拉第前排的樓廳壁上。

直到戴維演講結束，離開馬蹄形桌子，法拉第才如夢初醒，依依不捨地走出了演講廳。

法拉第回到書店的小閣樓上，天已經很晚了。他興奮得無法入眠，取出一個嶄新的筆記本，在昏暗的燭光下，把聽講記錄抄寫整理出來。

凡是可以發揮的地方，法拉第都根據自己的理解作了豐富的聯想和發揮，還畫了許多插圖，註明戴維在演講時做的示範實驗。

當小夥子把筆記整理完畢的時候，東方已經發白。21歲的法拉第望著窗外，心潮起伏，似乎感到一種強烈的力量在吸引著他，那便是科學的召喚！

隨後，法拉第又連續聽了戴維的第二、第三次講演。每聽完一次講演，法拉第都覺得自己在朝科學的殿堂走近

了一步。

1812 年 4 月 9 日，這是法拉第像前幾次一樣，來得很早，他仍舊坐在通道上面那個老地方。

這是法拉第第四次聽演講了，那天戴維教授講的題目是金屬，那是教授自己最熟悉的。

因為所要講的鈉和鉀這兩種奇妙的金屬，都是戴維用自己發明的電解方法製造出來的。

戴維教授用一把鑷子，從一個裝著油的玻璃瓶裡夾出一粒黃豆大小的銀灰色的東西。

「這是一粒鉀，」戴維一邊說，一邊把這粒黃豆大小的鉀舉起來給大家看，接著輕輕地把它放在一個玻璃缸裡。

「噗」的一下，水面上冒出一小團美麗的藍紫色的火焰，那粒銀灰色的鉀縮成一個圓球，帶著那團火焰在水面上飛快地打轉，一面發出輕輕的噝噝聲，漸漸變小，轉眼就消失了。

水面上又恢復了平靜，聽眾在驚訝，讚嘆，法拉第在飛快地寫著，他記下了實驗的過程，也畫下了戴維所用的儀器。

講演結束了，但是戴維沒有馬上走，因為今天是個很有意義的日子，他想再多講幾句。

10 年前，當戴維開始登上這個講臺的時候，他曾經說過：「人類的財富和勞動的分配不平等，地位和生活條件有

差別，這是文明生活的力量泉源，是它的推動力，甚至可以說是它的靈魂。」

不管聽眾贊成不贊成，戴維用自己這 10 年的成就，證實了自己的主張：人類的不平等是必然的，必要的，強者應該勝利。

戴維是強者，他勝利了，就在昨天，他從攝政王手裡接過爵士的綬帶和證書，他已經成為漢弗萊．戴維爵士。

和偉大的英國物理學家、經典力學的奠基者牛頓一樣，用自己的科學成就，為自己贏得了貴族的稱號。他的婚禮定在後天舉行，前兩天的授爵，無疑是對他婚禮的最好祝賀。

婚後他將和新娘一造到蘇格蘭度蜜月。他決定，今後不再在皇家學院作通俗化學講演，他將把更多的時間和精力投入到創造性的科學研究工作中去。

戴維已經把自己的決定通知皇家學會會長兼皇家學院院長約瑟夫．班克斯爵士，這個決定是不可改變的。

雖然還沒有正式向公眾宣布，可是訊息不脛而走，聽眾已經知道，戴維教授首次以爵士身分在這個大廳裡所作的講演，將是他向廣大聽眾的告別演說。

對於戴維即將離去，大家依依不捨。大講演廳裡充滿了惜別之情。這是很自然的。有的人 10 年來場場必到，戴維的講演從來沒有漏聽過一次。聽戴維講演，已經成為他們生活中一項最有意義的內容。

　　法拉第的思想完全沉浸在演講的內容和自己對科學的熱
情中，科學正在完全占據他的內心，他在潛意識裡，已經準
備要為科學奉獻自己的一生了。

自薦入皇家學院

　　每聽一次演講，法拉第的獻身科學的決心就增強一次。現在，他的決心已經下定了。他坐在自己的小桌子前，在昏暗的燭光下，整理戴維的講演記錄。

　　法拉第把四次講座的記錄整理得井然有序，最後用漂亮的小牛皮封面裝訂成冊，他的心中對未來充滿著希望。

　　也許法拉第將走一條曲折的路，但是他將生長，向著太陽生長。他的太陽就是科學！

　　研究科學需要時間，然而他的時間、青春、生命，卻消磨在這書籍裝幀鋪裡！他給市哲學會裡的朋友阿伯特寫信：

　　阿伯特先生：

　　我需要的只是時間，我要大聲疾呼：我需要時間。

　　我們現代上流社會的先生們閒得無聊，要是我能出低價論鐘點，不，論天買些他們的時間，該有多好！

　　時間過得飛快，再過幾個月，法拉第的學徒生涯就要結束了。這時，他深深地意識到，對自己來說，科學比訂書更有吸引力。

　　法拉第暗下決心，他現在準備放棄裝訂書籍這個自己已經幹得非常熟練的職業了，他準備投身於塔特姆和戴維從事的領域，從頭學起，把自己的一生奉獻給崇高的科學事業。

　　此時，父親已謝世兩年，姐姐也已嫁人。雖說家中急需法拉第賺錢，以補家用，但母親和哥哥都十分支持他的想法，鼓勵他去一試。

　　可是，如何才能躋身於科學的聖殿呢？法拉第首先想到了科學鉅子戴維。可是戴維這時剛剛帶著新婚的夫人到蘇格蘭度蜜月去了。

　　戴維成就輝煌，前不久被王室冊封為爵士，從此他便可專心致力於科學研究，不再主持皇家學院的通俗科學講座。

　　無奈，法拉第只好想別的辦法，他決定給皇家學會會長約瑟夫・班克斯爵士寫信。

　　在信中，法拉第陳述了自己的經歷和對科學的熱烈追求，表示希望能在學院內找個工作，即使是在實驗室打雜，他都十分情願。

　　寫完信後，法拉第便拿著信，忐忑不安地來到艾伯馬爾街 21 號。但是，皇家學院大門緊緊關著。

　　透過向別人打聽，法拉第才知道，旁邊的側門可以直通班克斯爵士的辦公室。法拉第在門外猶豫了片刻，內心在進行著激烈的思想對抗。

　　自己這樣做對嗎？眼看學裝訂將要滿師，母親為了賺每一個先令，受盡了勞累，操碎了心。

　　可是法拉第又想到這幾年來的刻苦自學，自己的夢想和追求，他心愛的閣樓實驗室，還有媽媽慈祥的目光。

自己已經有相當的基礎，戴維的講演，不僅能聽懂，記錄下來，而且還能做許多補充。

法拉第想起利博先生、媽媽和洛博對自己的幫助。可惜爸爸已經在兩年前去世，他要是活著，一定也會鼓勵自己的。

最終法拉第鼓起勇氣，走上前敲門。裡面沒有回應。他又敲了兩下，還是沒有聲音。

法拉第只好站在門外等著，不安地在原地踱著步。過了好長一段時間，他聽見有緩慢的腳步聲傳來，側門開啟了一個縫。一個穿制服的僕人滿臉不高興地看了他一眼，說道：「年輕人，有什麼事？」

法拉第立即雙手把信遞了上去，那僕人用手指把信夾住，上下打量了他一眼，「砰」的一聲把門關上了。

回到書店，法拉第心裡十分的不安。我這是不是一時衝動？也許我完全打錯了主意。

整整一天，法拉第都心神不寧，書鋪外面稍有動靜，他都會探出頭來，心裡想道：「是不是皇家學院的人來送信了？」

第二天，第三天，第四天……

時間過去了一個星期，法拉第再也無法忍住渴盼的心情，便又一次來到皇家學院的大門旁。這次，他又在側門外猶豫了好一陣子。

門忽然開啟。那個看門男人和上次一樣，打量了他一下說道：「又是你，有什麼事？」

「先生，我想問一問，班克斯爵士給我回信了嗎？」法拉第熱切地問道。

冷面男人從門旁小屋的桌上拿起法拉第寫的那封信，像廢紙片一樣扔給他，門「砰」的一聲關上了。

法拉第從地上拾起信，只見信封的背面寫著：「無可奉告，退。」猶如一盆冷水從頭上澆下一般，法拉第的滿腔熱情剎那間被淋熄了。

班克斯爵士，那位坐在科學聖殿上的大爵士，把他當做乞丐一樣地拒絕了！法拉第覺得自尊心從來沒有受到過這樣大的傷害。

法拉第不明白，自己對科學如此的一往情深，而為什麼科學卻對他如此的冷漠無情。

法拉第只好回頭留戀地望了一眼皇家學院大樓，心裡發誓從此把科學忘得一乾二淨，他一定要拚命地幹活，一定要成為倫敦最出色的裝訂師。

但是，科學對法拉第來說猶如初戀的情人一般使他永遠難以忘懷。要使他終生放棄，更是不可能的事。

1812 年 10 月，法拉第學徒期滿，從此便正式結束了自己的學徒生涯。法拉第要往哪兒去，難道他真的要永遠放棄自己所醉心的科學夢想嗎？

　　法拉第學徒期滿，便成為一名正式的裝訂工，從此便可自己獨立謀生了。那位同住閣樓的法國流亡藝術家，便把他介紹給一位名叫德拉洛什的法國人開的書店。

　　這個新老闆十分欣賞法拉第的手藝，便接納了他。就這樣，法拉第告別利博夫婦來到了德拉洛什的書店。

　　法拉第很快發現，新店主和利博先生完全是不同的性格。也許法國人個個都很古怪，德拉洛什先生性情孤僻，脾氣暴烈，動不動就罵人，好像同全世界的人都過不去似的。

　　法拉第剛去沒有幾天，就捱了好幾回罵。法拉第隨時都覺得是在為一個暴君幹活。如果不是因為德拉洛什是倫敦一流的書商，也許法拉第早就離開了他。

　　不過，法拉第也不是原來的法拉第了。當年在利博先生那裡，他覺得書籍裝訂店裡的氣味像田野裡的野花那樣芬芳，而現在他一踏進德拉洛什的店堂，只覺得濁氣逼人。

　　法拉第寫信給市哲學會裡的朋友醫科大學生赫克斯特布林說：

　　我還在幹我的老本行，一有機會我就將設法離開它。關於科學的進展，我本來就知道得很少，現在更不可能知道多少了。

　　確實，只要我目前的處境得不到改變，我就不得不讓位，讓那些有幸比我占有更多時間和金錢的人去思考學術問題。

　　無論如何，法拉第已經是一名正式的裝訂工了，有固定的職業，有薪資，還有可以自由支配的時間。

　　法拉第搬回家裡，與媽媽和妹妹住在一起，共享天倫之樂。沒有多久，法拉第又在家中建起了一個小實驗室。

　　現在，法拉第可以重新醉心於自己所嚮往的科學實驗。只要他一進入這個小天地，便會把一切煩惱忘得一乾二淨。

　　法拉第的理想並不是當書店老闆，他所痴心的是跨入科學領域。然而如何才能進入科學領域的大門呢？他只是一個裝訂工，既無學歷、文憑，也沒什麼靠山。

　　班克斯爵士的歧視，便是一個例子。他最後想到了他所崇拜的戴維。此時，戴維已度完蜜月回到了皇家學院，並且不斷聽到關於他新發現的訊息，他決定向這位大化學家求助。

　　家裡的人和朋友都鼓勵他一試，因為戴維負責皇家學院的全部實驗工作，究竟是否需要人手只有他最清楚。

　　法拉第在作出這一重大決定之前，很是猶豫了一陣子。自己和戴維教授素昧平生，假如打個比喻的話，戴維當時處於科學的金字塔頂，而他不過只是塔底一塊普通的石頭，戴維會理會他嗎？

　　經過幾天的深思熟慮，法拉第寫了一封信給戴維。這封信比上次寫給班克斯爵士的言辭更加懇切。

　　法拉第在信中詳盡地訴說了自己貧困的身世、對科學的

憧憬，希望能得到一個接觸技術的職位。

法拉第同時在信中說，只要能進入科學領域，哪怕是待遇最低的職業，自己也十分樂意接受。

1812 年聖誕節的前一天，法拉第像上次一樣，親自把信送到皇家學院。和信一道，他還送去了自己整理裝訂成冊的那本戴維講演錄。

回家後，法拉第懷著忐忑不安的心情在期待著，看是否能收到迴音。他已經受到過一次粗暴的回絕，所以，這次他並沒有抱太大的希望，甚至根本就不打算再去理這件事。

然而出乎法拉第意料的是，第二天他就收到了戴維派人送來的一張便條，同意會見他。

獲科學家接見

其實戴維早已經回到英國，只是法拉第一直在書店，而且對科學的熱情受挫後，一時還沒有緩過勁，所以，對戴維的行蹤不是那麼關注。他知道戴維回到英國的時候，已經快到聖誕節了。

戴維為什麼回來這麼快呢？原來雖然戴維的夫人喜歡在自己老家，幽靜的蘇格蘭鄉村別墅垂釣，希望按照原來的計畫再在那裡玩兩個月，但是戴維早就憋不住了。

事實上，戴維出發度蜜月的時候，就帶著一箱化學儀器。爵士夫人沒有反對。她反而覺得，這樣帶著科學一起度蜜月更富有浪漫主義的情調。

戴維像在倫敦的時候一樣，既玩又做實驗。他的朋友安培從巴黎寫信來，告訴他發現了一種新的氮和氯的化合物，這是一種很容易爆炸的液體，製造它的笛隆先生炸掉了一隻眼睛和一根手指。

這個訊息對於戴維是極大的刺激，他馬上幹了起來，就像一匹久經沙場的戰馬，聽到炮火聲立即飛奔向前，衝鋒陷陣。

戴維的實驗取得了一些進展，但是隨身帶來的儀器畢竟太少，而那種有危險性的實驗對他的吸引力又實在太大，他

終於說服了夫人，讓他獨自一人先回倫敦。

回到倫敦以後不久，就發生了一次爆炸。戴維爵士向夫人寫信報告說，發生了一起「小事故」。

實際上戴維傷得很厲害，頭上、手上纏滿了繃帶，險些遭到笛隆先生同樣的命運。醫生告訴他，至少要幾個月才能進實驗室。

戴維看到法拉第的信是在聖誕節前，當時他眼睛上的傷還沒有好，看東西還很吃力。

那天早晨皇家學院的僕役給他送書信的時候，他瞥見一本四開本的大書，暗褐色的牛皮封面，書脊上燙著一行金字：「漢‧戴維爵士講演錄」。

看到這些，戴維覺得奇怪，自己從來沒有出版過什麼講演錄，從哪裡來的這麼一本書？難道是歐洲大陸上的國家跑在他的前頭，出版了他的講演錄？

戴維好奇地開啟封面，發現裡面的內容是手寫的，字跡工整清晰，扉頁上用印刷體寫著：

四次講演，漢‧戴維爵士講於皇家學院。

記錄整理：麥可‧法拉第。

1812 年

戴維信手翻下去，他怔住了。沒有料到，自己那四次講演總共才講了四個多小時，竟記下了 386 頁！講過的，都

記下了，許多沒有講的內容，也都補充上了。

娟秀的書法，精美的插圖，嚴肅、認真、一絲不苟，這中間熔鑄了多少愛戴、敬仰和信任！這本洋洋大著，作者是誰呢？扉頁上寫著，是漢・戴維爵士。

不，應該是麥可・法拉第。這位法拉第又是誰呢？這裡有一封信。戴維的眼睛還在隱隱作痛，醫生禁止他看書，但他還是把這封信從頭到尾細細地看了。

戴維被感動了，它勾起了戴維對往事的回憶。十幾年以前，自己不是也像現在這個法拉第一樣嗎？出身低微，貧窮屈辱，沒有受過系統的教育，上帝和世人給他安排的命運是當學徒，將來做一名師傅。

戴維彷彿看到了自己的過去，自己的影子。也許是顧影自憐吧，他對法拉第產生了同情。

此刻，他從這個陌生的青年身上，看到了自己當年的影子，也看到了一種最寶貴的東西，那就是對科學的熱愛和勇於獻身精神。

從法拉第身上，戴維不僅看到了自己的影子，還看到了自己所欠缺的東西。

戴維精力過人，他在實驗室裡工作，就像打仗一樣緊張。常常是幾個實驗同時進行，這裡加熱、煮沸，那裡過濾、蒸發、結晶。人家以為他的實驗剛開始，他卻已經收拾東西結束了。

　　戴維的實驗記錄很潦草，都是用最快的速度寫成的。戴維大膽，有魄力，有一次做水煤氣的實驗，他猛吸三大口，險些把命送掉。

　　但是，戴維的工作顯得雜亂，不夠嚴密，不夠細緻。然而，看這本《漢‧戴維爵士講演錄》，它的記錄、整理、謄抄、裝訂，做得多麼漂亮！那是有條不紊、嚴密細緻的工作作風的產物。

　　戴維十分懂得，那樣的習慣和作風在科學研究工作中有多麼大的價值。法拉第誠摯、勤奮、堅毅、有天分、有獻身精神，這是無疑的，擺在戴維面前的這本《漢‧戴維爵士講演錄》就是明證。

　　他缺少的只是機會，現在他來向自己請求，請求給他機會。該怎麼辦呢？聖誕節前夕那天早晨，戴維遇到佩皮斯先生，他是皇家學院最老的理事之一。

　　當時，皇家學院已人滿為患，不過還算戴維面子大，總管同意給予考慮。然而當他聽說法拉第連中學也沒上過，便不客氣地說：「讓他來洗瓶子吧！」

　　「這恐怕有些不適當。」戴維顯然覺得這過於屈才，沒有表示同意。

　　佩皮斯笑了笑說：「假如他確實有用，一定會洗得不錯；如果他不來，那就肯定是個廢物了！」

　　就在當天晚上，戴維爵士就給法拉第寫了一封簡短的

回信。法拉第收到戴維的便條後，整整一天高興得不知如何是好。

對於法拉第來說，這是聖誕老人送給自己的一份世界上最珍貴的禮物。

戴維在回信中說：

因最近有事要離開倫敦，等一月底回來時再接見你。

倫敦的冬天雖說寒冷異常，但在法拉第的心中卻充滿著希望。天空中飛舞著美麗的雪花，法拉第終於盼來了和戴維爵士相會的日子。

1813 年 1 月 29 日，法拉第終於要和戴維相會了。法拉第圍著厚厚的圍巾，踏著積雪，興沖沖地朝皇家學院走去。雪花飄落在臉上，他一點兒也不覺得冷。

當走到艾伯馬爾街 21 號的大門口的時候，法拉第不再像從前那樣徘徊猶豫了，而是直接走了進去。

戴維的助手佩恩把他領進前廳的一間會客室等候，然後進去通報。法拉第不知道向哪裡站才好，心怦怦地跳個不停。門開了，他無限敬仰的戴維爵士就要進來了。

一會兒，戴維爵士邁著輕快的步伐走了進來。他讓法拉第同他一同坐在靠窗的長椅上。

法拉第挪著不聽使喚的腳步坐在戴維身旁。和一位偉大的學者肩並肩地坐在一起，這使法拉第激動，可是這位學者卻又這樣和藹，消除了他的緊張心情。

「我們的談話隨時可能被打斷。」戴維風趣地說，「我的助手佩恩先生幾天前在一次爆炸事故中受了一點傷，現在情緒不佳。不過你儘可放心，皇家學院不會恰在這個時候被炸掉的！」

聽完戴維所說，法拉第的拘束立時消失了。和這位科學鉅子坐在一起，他有一種親切感。他發現生活中的戴維是如此的瀟灑、隨意。

「年輕人，你的記錄給我的印象太深了，十分明顯，你全部理解了我所講的內容，你是從哪兒學到的化學知識呢？」戴維爵士說。

「我全是自學的，我讀過經我親手裝訂過的所有書籍，聽過塔特姆先生的講座，我還建有自己的一個小實驗室，當然是十分簡陋的了。」

聽著法拉第的話，戴維輕輕點頭。

他說：「嗯，是的，精神可嘉！法拉第先生，你能告訴我，你為何對科學竟會如此地鍾情呢？」

法拉第臉微微發紅，他稍微考慮了一下說：「我對賺錢的那行不感興趣，先生。那是自私的。可是科學是為了追求真理，造福人類，那是十分崇高的事業。」

戴維笑起來。他覺得法拉第說得過於嚴肅，也有些過於單純了。他打斷了法拉第的話，坦率地說：「年輕人，你的想法太理想化了！也許你對科學並不真正了解，你才樂意放

棄可靠的裝訂職業要到這裡來。要知道，科學猶如一個性情怪僻的女子，儘管你對她傾注滿腔熱情，可是得到的報酬卻微乎其微，使你大失所望！」

「從事科學能使人快樂，這本身不就是一種報酬嗎？」法拉第問。

戴維聽罷，不禁哈哈大笑起來。法拉第也不好意思地笑了。這時他才注意到，戴維爵士的眼旁有一處新的傷痕。他記得朋友說過，戴維爵士在做鉀元素和氯氣實驗時，曾被炸傷過。

戴維把自己手臂上、臉上的傷疤指給法拉第看。

「這些疤痕就是科學給我的獎賞！永遠無法把它去掉。」戴維爵士說道，「它表明科學需要付出很大的代價。你裝訂圖書會炸裂開來，把你打昏，讓你眼角流血嗎？」

「先生，您的意思是說科學家要有獻身精神。」法拉第說道。

這一精闢的回答，使戴維溫和地微笑起來。他又問了法拉第一些其他問題，發現他獻身科學的意志的確十分堅定。

「如果讓你到實驗室裡洗刷瓶子，你是否也願意幹呢？」戴維爵士問道。

「我心甘情願！」法拉第堅定地回答道。

戴維為法拉第的回答所感動。但是他仍然規勸法拉第慎重考慮自己的選擇。

　　「裝訂書的職業可以獲得相當安定的生活，希望你不要輕易放棄。」戴維說著，望了一眼牆上的掛鐘，起身說道：「年輕人，我所能答應的是，今後可以讓你把皇家學院的全部圖書裝訂工作包下來。這樣你可以讀到更多的科學著作。很抱歉，現在我要告辭了。」

　　法拉第緊追不捨說道：「先生，皇家學院的工作，我願意等待！」他站起來，恭敬而堅決地回答。

　　戴維走出房門，又回過頭來，眼裡掠過一道亮光。

　　「你是否願意看看這裡的實驗室？」

　　「當然願意，那太好了！先生。」法拉第喜出望外。

　　他們一道走出前廳。

　　「實驗室在地下室。」戴維邊走邊說，「不過那裡經常是又髒又亂，滿地的玻璃碎片，你見了也許會搖頭的。」

　　這時，佩恩先生迎了過來。戴維看見他，掉過頭道：

　　「法拉第先生，再見了！謝謝你的光臨，佩恩先生會送你的。」

　　「往這邊走。」佩恩冷冷地說。

　　「戴維爵士答應讓我看看實驗室。」法拉第向他解釋。

　　「戴維爵士說的是讓我把你送出去。」佩恩沒有好臉色。

　　「砰」的一聲，皇家學院大門又在法拉第的身後關上了，但這一次法拉第的心情不同往常。

投身於新工作

　　雪停了，艾伯馬爾街銀裝素裹。法拉第感覺到嚴冬背後的一縷暖意。他鬆開脖子上的厚圍巾，長長地呼了一口氣，大步朝皮卡迪利廣場走去。

　　街上很冷，正在颳風，但是法拉第一點兒也不覺得冷。他把圍巾拿在手裡揮舞。他情不自禁地想奔跑，歡呼，歌唱，因為他見到了他所崇敬的戴維爵士，因為科學在向他招手。

　　雖然這次沒能在皇家學院找到工作，但是他會見了戴維爵士，他的眼前升起了一道希望的霞光。正如俗話所說：精誠所至，金石為開。時間過去了幾個星期，機遇終於降臨到法拉第面前。

　　原來，戴維爵士的實驗助手佩恩，因脾性古怪，在皇家學院內多次招惹是非，有時對戴維也十分不恭。由於找一個能幹的實驗員不容易，戴維爵士也就忍讓了他。

　　有一天，佩恩在實驗室裡又與一個製造玻璃儀器的師傅打了起來，不但把對方打得鼻青臉腫，許多貴重的儀器也被損壞。戴維爵士忍無可忍，當即把他解僱了。

　　如此戴維爵士便急需一名新的實驗助手，他想到了法拉第，於是他便向皇家學院院務總部申請並推薦此人，經過會

議協商，決定接納法拉第為戴維爵士的實驗助手。

3月1日，皇家學院理事會的議事錄上有這樣的記錄：

漢‧戴維爵士有幸通知本理事會，他已經物色到一個願意接替威廉‧佩恩職務的人。他的名字是麥可‧法拉第，是一個22歲的青年。

根據漢‧戴維爵士的觀察和了解，他是這項職務的合適人選。他作風正派，積極肯幹，性情和善，聰慧機敏。在佩恩先生離職的時候，這個青年願意按照同樣待遇在本院工作。

時間過去了幾天，一天晚上，法拉第正要上床睡覺，突然聽到樓下響起一陣敲門聲。他把頭伸出窗外，看見戴維爵士的馬車停在街上。

法拉第忘了自己已經脫掉了上衣，竟赤膊從樓上衝下來，慌忙把門開啟。

僕人把一封信遞給他，是戴維寫來的，通知他明天去皇家學院。信中說，如果他的願望沒有改變的話，他可以來皇家學院擔任實驗室助理，每週薪水25先令，學院頂樓可免費提供兩間小屋給他居住。

第二天一早，法拉第便來到皇家學院，戴維並沒有立刻鼓勵他接受這個工作。

這位伯樂再次告誡法拉第，實驗室助理的工作相當辛苦，甚至十分危險，但薪水卻永遠不會長了。

　　要是法拉第繼續留在書店裡，憑他的手藝日子會好過得多。可是法拉第的決心已定，他決定到皇家學院幹實驗室的助理工作。

　　戴維拍了拍法拉第的肩頭，臉上露出了會心的微笑說，「就這樣吧，年輕人，歡迎你加入科學這一醉人的行列。」

　　決心已定，法拉第便回到書店向老闆德拉洛什辭職。

　　「什麼？你決定辭職，什麼時候？」德拉洛什感到十分的意外，面帶遺憾地說道。

　　「是的，就在明天，我決定到皇家學院去做實驗室助理。」法拉第等著接受責罵。

　　「麥可，你是一名最出色的訂書工！我真心誠意地希望你留下來，不要離開書店。」

　　直到此時，法拉第才發現，雖說德拉洛什先生外表看起來悍蠻粗暴，但內心卻是慈愛善良的。

　　法拉第有些感動。德拉洛什先生繼續說道：「你清楚，我無兒無女，只要你在這裡待下去，以後就是這個店鋪和這個家的繼承人。」

　　這太使法拉第震驚了！他萬萬沒有想到，德拉洛什先生一直把自己當兒子一樣看待。

　　學徒出身的人克勤克儉，發家致富，最後當上老闆，這在一般人的心目中是最神聖不過的了。

　　法拉第的眼前，浮現出了一個多少人都夢寐以求的錦繡

前程。他在想，自己現在的決定是不是正確呢？就連那個戴
維先生也這樣警告過自己。

　　不過，法拉第還是寧願相信，他的選擇是完全正確的。
這可是他一生中遇到的最好的機遇了，錯過以後也許永遠不
會再有了。

　　這時，即使給法拉第一個國王的寶座，他也會拒絕的。
因為科學聖殿的大門向他開啟了，他將獻身於科學，這是至
高無上的幸福。

　　法拉第想，只要能在科學領域裡快樂地耕耘，再苦再
累，收入再少，他也決不後悔。法拉第含著熱淚告別了德拉
洛什先生。

　　1813年3月6日，法拉第在皇家學院開始了新的工作。
就這樣，在戴維的推薦下，法拉第正式踏進了科學的大門，
儘管他起初的工作只是一個小小的配角。

　　法拉第夢寐以求的願望終於成為現實，現在他已正式成
為戴維爵士的實驗室助理。

　　法拉第不僅是戴維的實驗助手，也是他的祕書，除了幫
助戴維爵士準備示範實驗，做記錄，他還幫助搬動儀器，洗
刷器皿，負責儀器的修理，什麼都幹。由於他既勤快又能
幹，不久便得到同事的好評。

　　「那小夥子的瓶子洗得倒是十分乾淨的！」佩皮斯總管
滿意地對戴維說道。

「哦，是嗎？他的長處，可不單是洗瓶子喲。」戴維俏皮地說道。

為了使法拉第得到更多的鍛鍊機會，不久，戴維爵士便讓他參與更多的實驗工作。

戴維當時正在研究氯的特性，很有創見。很久以來人們錯誤地把氯當成一種氧化物，連大名鼎鼎的法國化學革新家拉瓦錫也如此認為。

戴維卻用實驗證明氯是一種元素，改正了這個錯誤。他在 1810 年 11 月宣布了自己的發現，但是傳統學派卻不承認，兩種觀點的論戰三年來持續不斷。

法拉第協助戴維進行了不少實驗。有一次試管在法拉第手中爆炸，掌心被碎玻璃割出血。還有一次，飛濺的玻璃碎片劃破他的臉。

法拉第毫不畏懼，他堅決擁護老師的新見解。在寫給一位持懷疑態度的朋友的信裡，他由衷地寫著：

「我熱誠地信奉這個新學說，這是十分正常的。因為我親眼看見戴維爵士本人擁護它，我還見過他作出許多實驗來驗證和解釋它，使我不得不信服，進而對他欽佩不已。」

這大約是年輕的助手在學術上追隨戴維的第一件事。

歐洲考察

在司空見慣的、大家以為非常了解的物質中，居然發現了新的元素，這對於現代化學家勤於探索的頭腦，無疑是一種刺激。──法拉第

赴歐洲進行考察

過了幾個月時間，法拉第得到了一次非常難得的學習機會。這一年秋天，戴維爵士去歐洲大陸進行學術考察，主要目的是與歐洲各國著名學者進行學術交流，並且進行一些短期的研究工作。

這種考察，在當時英國貴族圈裡非常流行，它是從 17 世紀開始形成的一套獨特的貴族教育方法。

當時英國的貴族階級把自己的孩子送到牛津或者劍橋上大學，叫他們耳濡目染，學會上流社會的言談舉止，同時學幾年拉丁文和希臘文，訓練訓練腦筋。

畢業以後，再把他們送到歐洲大陸去遊歷一番。這些青年貴族要接觸希臘的神廟、羅馬的鬥獸場、文藝復興時代的繪畫和雕塑，也要熟悉巴黎的禮儀談吐和時裝服飾。

總之，人類古往今來的文化精華和各個國家民族的世故人情，凡是做一個貴族所需要的一切知識和教養，他們全都要懂得。遊歷歸來，他們成熟了，成了道地道地的貴族。

戴維在青年時代沒有機會受這樣的教育，現在他當上了爵士，進入了貴族的行列，他希望到歐亞大陸去遊歷，一方面是為了彌補教育的不足，適應自己的新身分，另一方面也是為了和大陸的科學家進行學術交流。

　　這次同去的，自然還少不了戴維的妻子。戴維爵士33歲時才結婚，妻子是一位年輕漂亮的富家女。

　　戴維的新夫人也希望丈夫到國外遊歷一番。這樣，藉著戴維的大名，她就可以進入歐洲各國的上流社會，大出風頭。

　　這位新夫人出生在蘇格蘭的一個富商家庭，父親在西印度群島的安提瓜島上經營甘蔗和販賣黑奴，發了大財。

　　她的第一個丈夫是湯馬斯‧阿普里斯爵士的長子。富商的女兒和貴族的兒子攀親，在當時是很流行的。可惜她年紀輕輕就成了寡婦。

　　她長得很俊，黑頭髮，黑眼睛，連皮膚也有點黑，朋友們叫她「黑美人」「黑裡俏」，刻薄人叫她「烤麵包」。

　　這位黑美人喜愛文學，是史達爾夫人的朋友，愛丁堡社交界的紅人。父親給了她大量財富，她所需要的是貴族的名位。

　　與妻子相反，戴維靠著自己的才幹，贏得了全世界的尊敬，但是他卻沒有什麼錢，他在皇家學院的年薪從來沒有超過400鎊。

　　過去戴維不注意斂財，現在到了成家立業的時候，他開始自覺不自覺地追求和自己身分相符的財產。

　　機緣使他和這位富商的女兒相遇。沒過多久，新爵士就和漂亮的寡婦結成夫婦。對於新娘來說，這是第二次門當戶

對的婚事。

對於戴維來說，這是快快結婚，慢慢後悔。他的新娘雖然美貌可愛，笑得很甜，講話又動聽，但這一切都是為了激起別人對她的愛，她卻是不大準備愛別人的。

戴維夫婦決定遊歷歐亞大陸，第一站自然是法國。當時英法兩國正處在戰爭狀態，拿破崙把法國國土上的英國人通通都當做敵人拘留起來。

作為英國科學界代表人物的戴維教授，竟然申請去巴黎，實在讓人難以相信。然而，出人意料之外，拿破崙皇帝特別批准戴維一行到法國旅行。

這位皇帝是砲兵軍官學校出來的，很懂得科學技術在戰爭和國家經濟中的重要作用。他一向以科學的保護人自居。

戴維這次到國外遊歷，也像上次去蘇格蘭度蜜月的時候一樣，帶著一箱化學實驗儀器。

戴維一路上做實驗，需要一名助手，幫著操作實驗和整理科學記錄。很自然，他邀請剛到皇家學院工作的法拉第和他一起出國旅行。

法拉第欣然受邀，決定和戴維夫婦一同遊歷歐洲。對於法拉第來說，這真是做夢也想不到的好機會。

透過旅行，不僅可以到國外開眼界，見世面，學習外國語，而且作為戴維教授的助手，他將見到歐洲各國的第一流學者，直接了解世界各國的科學發展情況。這等於是上大

學，而且是最好的大學。

原計劃規定，除了法拉第外，戴維爵士還帶有一個男僕和一個女僕，可是臨到動身，男僕突然拒約不去了。

迫於無奈，戴維爵士便徵詢法拉第的意見，是否能屈就一些時日，暫時兼任男僕，一到法國便另外僱人做僕。

戴維對法拉第說：「你看，法拉第先生，事情糟透了。我的男僕突然變卦，不願意去了。他說那個科西嘉人是殺人不眨眼的魔王，到法國去準把命送掉。唉，無知透頂！可是又有什麼辦法！現在事到臨頭，到哪裡去找合適的聽差呢？該怎麼辦？法拉第先生，能不能委屈你一路上幫幫忙，擔負起一些工作？你知道，有些事情是不能讓旅館侍者那樣的外人幹的。」

法拉第自尊心極強，他寧可幹最髒、最累的工作，也不願給人做僕人，但是又不能不給戴維先生這個面子，所以他猶豫著沒有出聲。

戴維知道這個青年人自尊心很強，他接著說：「法拉第先生，你是我的實驗助手，我不會要你給我當傭人的。不過是請你臨時幫幫忙，到巴黎我就會找到一個合適的傭人。」

法拉第想，自己前幾年為了學畫，不是還給馬克里埃先生擦過皮靴嗎？現在可是給著名的科學家戴維幫忙啊！法拉第說：「好吧，戴維先生，我願意幫您忙。」

一切準備就緒，1813 年 10 月，正是秋高氣爽的日子。

戴維一行四人起程離開倫敦，他們乘坐一輛大馬車走了兩天，來到英國西南角的普利茅斯港。

從他們一上路，法拉第就開始後悔不該同意兼做僕人。戴維夫人完全把他看做下人使喚，她要法拉第既當管家，又做聽差，還兼跑腿打雜。

戴維夫人出身富商家庭，從小便嬌生慣養，頤指氣使。在她的眼裡，法拉第只是一個跟班，土頭土腦的隨從而已。

法拉第既要為戴維爵士效勞，又要侍候這位夫人，十分為難。因而，在橫渡英吉利海峽之前，他就想返回倫敦，就此罷休。

只是戴維爵士再次向他保證，到了巴黎便另找僕人，他才勉強答應了。

當時由於英法兩國正在進行戰爭，在海關他們受到嚴厲的盤查。當時許多朋友都不理解，戴維爵士為什麼會選擇一個交戰國作為訪問的對象。

法拉第在旅行日記裡也記下自己的心情：「在目前這個時刻，到一個敵對的國家去，這真是奇怪的冒險。」

然而這個冒險卻是十分值得的，因為法國有世界第一流的實驗室，有一批傑出的著名科學家。而且拿破崙皇帝破例為戴維一行赴法旅行批准了簽證。

盤問、等候、檢查，再盤問、再等候、再檢查，在敵人的國土上旅行就有這些麻煩。最後他們終於重新登上戴維的馬車，向巴黎前進。

　　馬車從莫爾列駛向巴黎。沿途的美麗景色，異國的風光人情深深地吸引著法拉第。一切都是新的。他沒有見過山，沒有見過海，望不到盡頭的道路、無邊無際的田野、丘陵、大平原、大森林，他全都沒有見過。

　　可是現在，整個世界突然展現在他面前，法拉第感到興奮、激動，心裡像有一隻小鳥在跳躍、歌唱。

　　然而，他是一位科學家的助手，自己也立志要做科學家，對於周圍發生的一切，他必須學會細緻地觀察，冷靜地分析，客觀地記錄。為了這個目的，他開始記日記，並且從此養成了記日記的習慣。

　　海關的拖延，旅舍的飲食，沿途的景色，法拉第都在日記裡做了詳盡的記載。

　　法拉第記下了法國馬車伕穿的過膝的長筒靴，記下了和馬車跑得一樣快的獵狗似的法國豬。

　　法拉第還特別記下了一種「發光的蟲子」，可憐的年輕人，從來沒有見過螢火蟲，他還以為自己有了新發現！

　　那是在去巴黎的路上，馬車壞了，只得停在一個小村子裡，戴維夫人吩咐法拉第去找人來修，法拉第遵命照辦。

　　法拉第穿過田野，自由地呼吸著異國鄉間的空氣。此時暮色漸濃，忽然他發現草叢裡有幾點熒熒亮光，走近一看，原來是幾隻小昆蟲的尾端在閃閃發光。

　　在倫敦，法拉第從沒見過螢火蟲，便好奇地蹲下來仔細

觀看，把喊人修車的事早已忘到腦後。

直到天黑，馬車已被修好。聽見有人在喊他，法拉第才想起修車的事。回到馬車前，戴維夫人沒給他好臉色看，但他並未在意。

法拉第一心仍在想著那幾隻發光的蟲子，要是人也像那螢火蟲一樣，找到不用火就能發出光來的方法，該有多好啊！

10月29日，他們來到巴黎，受到了法國科學界的熱烈歡迎。巴黎沒有給他留下好印象。年輕人想家了，但是情緒波動並沒有影響他的觀察。

法拉第的結論是，在住房內部裝飾玻璃和大理石這兩種美麗的材料，法國人用得比英國人多得多。

法國人住房華麗，英國人的住房舒適；法國住房精雕細琢，英國住房潔淨素雅；法國住房是給人看的，英國住房是給人享受的；兩種風格，適用於兩個不同國家的人民。

戴維爵士在巴黎逗留了兩個月時間，一面講學，一面和法國科學家們進行合作，開展學術研究，互相交流經驗。法拉第協助戴維做實驗，直接參與了許多學術活動。

閒暇時，法拉第和戴維一起瀏覽了巴黎市容，參觀了美術館、羅浮宮，還逛了市場。

法拉第到市場上去買紀念品，也有他獨到的感覺，巴黎人厚顏無恥，漫天要價。

　　這些巴黎人做買賣，既不懂什麼叫誠實，也不知道什麼叫羞恥。他們向你要兩倍的價錢，又輕鬆，又沉著，好像白送給你一樣。

　　法拉第跟著戴維去參觀羅浮宮。這位受到柯勒律治稱譽、「有可能成為當代第一大詩人」的戴維爵士，面對著無數藝術珍品、稀世瑰寶，無動於衷，只是發表了一句感想：「這些畫框多麼精美，真是少有！」

　　但是爵士的助手兼聽差法拉第卻寫下了這樣的感想：

　　「法蘭西的光榮和恥辱！它珍藏的藝術品舉世無雙，令人讚嘆不已，可是想到這些藝術品怎麼來到這裡，看到它們不過是暴力和掠奪所得，法蘭西為她的人民感到羞辱，這樣的行為使他們成為竊賊民族，可是他們還當做榮耀。」

　　有一次，法拉第在巴黎市中心土伊勒裡宮前，偶然見到了拿破崙的聖駕，當時這位皇帝正坐著御駕去參議院，披著一件貂皮大袍，頭戴天鵝絨帽子，帽子上垂下的羽毛遮住了臉，從遠處無法看清他的面容，但皮膚好像是黑黑的，有點發胖。

　　啊，這就是稱雄一時的拿破崙！法蘭西的怪傑！他想起10年前與利博師傅的對話：「天才和狂人，有時候只有一步之差。」

　　法拉第在巴黎城裡逛，記下了許多觀感。但他只是在戴維赴宴應酬，不需要他的時候才能出去。他的絕大部分時間仍舊是在幫戴維爵士效勞。

法國科學界的交流

　　在巴黎期間，年輕的法拉第結識了不少法國著名的科學家，其中有兩位對他十分友好，那就是電學大師安培和化學家蓋‧呂薩克。

　　安培是巴黎工業大學教授、法國著名物理學家，時年38歲，對哲學、化學皆有研究，尤其對電學有很深的造詣。

　　蓋‧呂薩克與戴維爵士同歲，出身書香門第，法國科學院院士，1808 年發現硼元素，在學術界聲名很大。他曾經冒著生命危險，乘坐拿破崙出征埃及時留下的氣球，升到7000 米高空測量磁力。

　　在與法國科學家的交往中，多數學者並未注意法拉第，只有安培和蓋‧呂薩克看出法拉第將來一定會大有作為，便熱情地給予指點。

　　法拉第得到機會親自觀看這些大師的實驗，吸取他們的科學方法，並且了解到科學發展的最新動態。法拉第大開眼界，其收穫的價值是無法估量的。

　　一天早晨，安培教授前來拜訪戴維，同來的還有兩位法國化學家，一位是庫爾圖瓦，另一位就是蓋‧呂薩克。他們給戴維送來一種亮晶的紫黑色白晶體。

　　「這東西十分奇特！一加熱便會冒出一種紫色雲霧，如

氯氣一樣刺鼻，但又不像是氯氣。」安培對戴維說。

「哦，是嗎？」戴維臉上流露出極大的興趣。

「這東西是用什麼提煉出來的？」

「是用海藻提煉出來的。」庫爾圖瓦說。

法國沿海的淺水中盛產海藻，每當海水退潮時，常有海藻留在海灘上。

科學家把這些海藻燒成灰燼，然後再用水提淨，便得到棕紅色的母液，再從母液中分離提取化學物質。

兩年前，庫爾圖瓦從中提煉出這種紫黑色的晶體，蓋・呂薩克和庫爾圖瓦對這種神祕的物質進行了多次反覆的研究，但總是無法搞清那到底是什麼成分。

「不知戴維爵士有何高見？」蓋・呂薩克向來自英國的同行請教。他的語氣帶著一點激將的味道，又彷彿是在向這位貴賓挑戰。

「您能否把它給我留下來，讓我試試？」戴維問。

「當然可以。」厚道的安培教授一口應承。

戴維又要向前衝鋒了，他們隨車帶著一個流動實驗室，在法拉第的協助下，他們立即動手對這種物質進行系統的分析。

這位英國的科學菁英有多次發現新元素的經驗，他猜想到，這種從海藻灰中提煉出來的晶體，很可能是一種新元素，因為普通的草灰裡是不含結晶物質的。

　　沒過幾天，戴維就弄清楚了，這種神祕的紫色晶體所冒出來的紫色氣體，就是它自身的蒸氣。

　　它有氯氣的性質，並不是因為它含有氯，而是因為它自身也是一種元素，而且這種新元素和氯是屬於同一類的。

　　12 月 11 日，戴維使用了電解的辦法。當時，電解是鑑別化合物和單質的最好辦法。果真，安培帶來的這種物質不能電解，進一步證實了它確實是一種單質。

　　戴維只用了一週時間，就測定出這種晶體是一種新元素。戴維將其命名為「碘」，這在希臘文中是「紫色」的意思。

　　法拉第親自參與了這一偉大的科學發現，其興奮和激動的程度可想而知。雖然自己只是一個助手，但這一成果裡，也包含著自己的一份心血呀！法拉第為此發了一通感慨，法拉第說：

　　在司空見慣的、大家以為非常了解的物質中，居然發現了新的元素，這對於現代化學家勤於探索的頭腦，無疑是一種刺激。

　　這證明，即使在公認的、已經完全了解的科學部門中，科學也還是處在不完善的狀態。

　　同時，法拉第也受到了激勵，這是他第一次親身參與偉大的科學發現。新的元素，新的科學，在戴維的手裡產生。法拉第窺見了科學研究工作的祕密。科學研究已經不再是遙

不可及的事情。

法拉第既有正面的榜樣，又有反面的教訓。戴維的膽略和幹勁，他的不夠細緻和嚴密，法拉第都看得一清二楚。他要發揚戴維的長處，克服戴維的短處，好好地在實驗科學的園地裡耕耘。

至於戴維，他一分鐘也沒有耽擱。他懂得，必須搶先宣布自己的發現，有時候一分鐘的延誤，會使你永遠失去成為不朽人物的機會。

戴維寫了一封信給居維葉，宣布了自己的觀點。然後，這封信在巴黎科學院宣讀了。

接著，戴維又把自己的實驗結果寫成一篇詳盡的報告，寄回倫敦皇家學會，報告上所署的日期是 1813 年 12 月 10 日，也就是用電解的辦法最後鑑定碘是單質的前一天。

富有戲劇性的是，幾乎就在同時，蓋·呂薩克也分離出碘元素。他在馬拉松長跑的最後關頭，與戴維同時碰到終點線，而戴維只衝刺了幾米，便捧走了獎盃。

這件事激怒了法國同行，他們的心態實難平衡，有人責怪安培教授不該把碘的樣品交給戴維。

對此，安培只是回以無言的一笑。他從心裡欽佩戴維有超人的智慧，並且斷定跟隨戴維的年輕助手，那個沉默的小夥子法拉第，是一匹千里馬。

義大利的科學發現

　　時間很快過去了十多天，戴維一行乘著馬車離開巴黎，開始了他們的義大利之旅。

　　他們路過巴黎東南的旅遊勝地楓丹白露森林時，法拉第不禁為大自然的美景所陶醉。戴維爵士也詩興大發，寫了幾首謳歌楓丹白露森林的小詩。

　　只有戴維夫人嫌馬車走得太慢，這位夫人過慣了豪華的都市生活，不喜歡森林、農舍、映著天空倒影的小溪。

　　他們乘坐的馬車在里昂稍事休息，然後沿著羅訕河向南緩緩而行，於 1814 年 2 月下旬，順利到達義大利。

　　在行駛的旅途中，只要有機會，戴維便會停下來進行自己的實驗。大馬車便是他的流動實驗室，法拉第是他的隨行助手，故隨時可以進入角色，即使在崎嶇的山路上，他們也會跳下馬車，去收集路邊池塘冒出的沼氣，對此進行化學分析。

　　來到義大利不久，在熱那亞港，戴維和法拉第弄到幾條從海裡捕捉來的電鰻。這種魚體呈長筒形，無鱗，體側生有兩對發電器，據說能發出強電流，可麻痺魚、蟹，甚至可以擊昏渡河的牛、馬等。

　　戴維懷著極大的興趣，立即同法拉第一起動手進行實

驗，他想搞清楚，電鰻放出的動物電是否與伏打電堆組產生的電一樣。

戴維和法拉第用一根導線與金屬片相連，再把金屬片捆在一條較大的電鰻體側，然後把導線放在另一個盛水的容器裡。

如果電鰻產生的電也能使水電解成氧和氫，就可說明，它和伏打電堆產生的電是一樣的。

早在 10 年前法拉第從《化學漫談》中，就了解到伏打電堆能使水電解，如今要親手探測電鰻是否也具有這種神力，他的確感到新奇。

一切準備妥當。他們便開始用木棍戳電鰻，後來又改用針灸，以激怒它，使其放出電衝擊。但都沒奏效，他們又反覆幾次，電鰻也沒有什麼明顯反應。

可能是電鰻小了一些，電流過於微弱，如果搞到一條大一點兒的魚，恐怕便會有不同的結果了。

有一次戴維幸運地又捉到一條電鰻，扁扁的頭，體長不過 0.6 米，他剛抓到手上，就大叫一聲，把魚扔了。顯然，魚使他觸電了。他們一起大笑起來。

法拉第每次和戴維一起做實驗，便度過了許多有意義的時刻。不過，他同時還得充當聽差的角色。

戴維在巴黎沒有找到合適的人做男僕，法拉第只好繼續忍受委屈。他需要安排一行人的生活起居、經費開支、馬車

前後地跑腿。

吃飯時他不能和戴維夫婦同桌進餐。每次他都是獨自吃飯，或是與車伕、女僕一起吃。

幸運的是，戴維夫人對丈夫的實驗沒有興趣，法拉第能夠有更多的時間像朋友一樣與戴維相處。

3月，他們一行來到世界名城佛羅倫斯，法拉第跟隨戴維訪問了科學院。這座義大利的最高科學機構，是伽利略創立的。

在那兒他們參觀了伽利略親手製作的望遠鏡。

在科學院裡，他們還參觀了托斯卡納大公用過的凸透鏡。這塊凸透鏡很大，直徑像一張小圓桌，還配有一塊鬥碗大的小透鏡，使陽光能精確地聚焦在某一點上。焦點上的溫度很高，能把東西點燃。

戴維端詳著這塊碩大的凸透鏡，忽然心血來潮，問陪同的主人：「能允許我用這塊透鏡做一下實驗嗎？」

「當然可以，爵士，但不知是什麼實驗？」主人欣然應允。

「這裡有金剛石嗎？」戴維問道。

「有。」主人答道。

「那太好了！我需要一個玻璃球，其餘所需，法拉第先生會替我準備的。」

一會兒，管理員送來了球，同時還送來一小粒金剛石。

戴維在法拉第的協助下，開始進行實驗。他們先把金剛石置於玻璃球內，然後把球內的空氣抽掉，充進氧氣。

「等會兒我將使金剛石燃燒起來，普通空氣也行，不過在純氧中，金剛石更容易燃燒。」

戴維讓法拉第調節採光鏡，使太陽光直接照到凸透鏡，陽光經過折射，再投射到小透鏡上，最後聚焦在一點上。

戴維試著先把一塊木頭點燃，證明聚焦良好。之後他們小心謹慎地把玻璃球放好，使球裡的金剛石正好對準陽光的聚焦點。

兩人屏息注視著，一會兒金剛石漸漸發出灼熱的紫色光焰。

「燃燒了！燃起來了！」法拉第興奮地喊道。

「真的點燃了！」戴維臉上露出微笑，接著朝助手做了個手勢：「快點，幫我把玻璃球移開。」

法拉第拿開玻璃球，裡面的金剛石還在自燃。

「您能斷定，裡面的金剛石是在燃燒嗎？」旁觀的管理員很驚奇地問。

「如果在一間黑屋子裡，你就能看得更清楚了。」戴維說。

管理員把他們帶進隔壁一間小屋裡，垂下窗簾。他們完全看清楚了，那粒金剛石還在發出灼熱的火焰，一直燒了大約 4 分鐘。

「我的天，金剛石真的在燃燒！」管理員完全信服了。

他們連續做了三次同樣的實驗，直到這粒金剛石全部燒光。最後金剛石消失得無影無蹤，玻璃罩裡空空蕩蕩，一無所有。

啊，哪裡是一無所有！玻璃罩裡原來是氧氣，現在是什麼呢？經過分析，氧氣成了二氧化碳。

這證明，金剛鑽就是純碳。高貴莫如鑽石，下賤不過煤炭，一個璀璨奪目，一個汙髒油黑，它們原來是同一種東西組成的。

戴維把實驗的結果寫成論文，寄回英國皇家學會。法拉第也為老師的成績感到高興，只有戴維夫人大覺可惜。

4 月，正是義大利陽光明媚、百花盛開的季節，他們一行離開佛羅倫斯，驅車南行，遊覽了古羅馬城。

他們參觀了羅馬的許多古蹟：萬神廟、和平祭壇、凱旋柱，還有競技場，這一切給法拉第留下了很深的印象。

特別是祭祀天神儀式的羅馬萬神廟，高大的石柱，渾厚的雕刻，巍峨壯麗，莊嚴肅穆。

那裡是人獸搏鬥的大鬥獸場，在千萬名觀眾的歡呼、喝采和尖叫聲中，多少英勇的壯士葬身在猛獸的血盆大口。

神廟和鬥獸場雖然已經傾塌，只剩下殘垣斷壁，但是燦爛的古代文明，那混合著善和惡、智慧和愚昧、高貴和殘暴的古代文明，依然歷歷在目。

除了這些記錄著歷史滄桑的古建築，羅馬的狂歡節給青

年法拉第留下十分深刻的印象。

義大利人國樂觀豪爽，無拘無束。法拉第十分喜歡他們的性格。狂歡節盛大而熱烈，法拉第也情不自禁地加入狂歡的隊伍，跳舞一直到天明。

還有一次參加化裝舞會，據說因為沒有合適的化裝服，法拉第乾脆穿著睡衣、戴上睡帽上場，這可是他有生以來第一次參加如此快樂的舞會。

在羅馬逗留了一個月，他們繼續南行，來到那不勒斯。著名的維蘇威火山就在城郊東南十公里處，當時正在噴發。戴維和法拉第聽說後，懷著濃厚的興趣登上火山觀看。

這座歐洲唯一的活火山，西元 79 年大爆發時，曾將龐貝古城埋葬。他們登上火山口，感到熱氣燻人，煙霧瀰漫。

戴維腳踩在火山灰上，即興向法拉第解釋火山爆發的成因。侃侃道來，十分精闢。

火山口的壯觀、戴維爵士的奇才，使法拉第十分入迷。他們接著一連去觀看了好幾次。有一次，他們在旅遊時正好遇上火山噴發，因此他們得以欣賞火山噴發的壯觀景象。

法拉第一點兒也不膽怯，興奮地迎著火光向山頂火山口走去，想看看噴火口的雄偉奇景。最後在導遊的堅決勸阻下，才罷休沒去。

然而，他們並沒有離開火山，在半山腰，他們找了一處較安全的地方野餐，他們利用附近滾燙的岩石，烤熟火雞和

雞蛋，一面吃，一面欣賞火山噴發的奇觀。

　　直到暮色四合，他們才下山回住宿地。然而法拉第仍舊不能平靜，火山噴發的壯景，美麗的螢火蟲，神祕的電鰻，這一切使他深深地迷戀。他彷彿覺得內心被一種超自然的神力所震撼。

　　隨後，他們一行從義大利回到瑞士，再從瑞士到德國南部旅行。不久，又從德國回到義大利。他們經由水城威尼斯，重返羅馬。

　　最後，在米蘭會見了電學界元老伏特伯爵。義大利之行，對法拉第來說，最愉快、最使他難忘的莫過於與伏特的會見。

　　伏特就是伏打電堆的發明者。1786 年，一位叫伽伐尼的義大利解剖學家在做實驗時，把一隻解剖了的青蛙倒掛在鐵欄的黃銅鉤上，突然他發現青蛙的兩條腿顫抖了一下。這一發現後人稱之為「伽伐尼效應」。

　　雖然伽伐尼本人沒有能夠正確解釋蛙腿顫抖的原因，他的發現卻鼓舞了義大利另一位科學家、當時 41 歲的電學家伏特。

　　伏特經過深入細緻的研究，終於揭開了蛙腿顫抖的原因：兩種不同的金屬與水相互接觸，可產生一種電流，這種電流刺激了蛙腿的神經，因而引起蛙腿的顫動。

　　1800 年，伏特根據這一原理，把若干銀圓片、鋅圓片

和用電解液浸溼的硬紙圓片依次疊加在一起，組成一個電堆，由於兩種不同金屬和紙片中的電解液發生化學作用，產生了連續的電流。

這是人類史上第一次獲得連續的電流！於是，人們把這個世界上第一個化學電池，命名為「伏打電堆」。

伏打電堆的出現，使科學史上增添了許多重大發現。戴維所做的那些轟動世界的電解實驗，就是用的伏打電堆，透過這些實驗，他發現了鉀、鈉、鎂等新元素。可以說戴維是伏特事業的繼承者。

還在學徒時期，法拉第就從《化學漫談》中知道了伏特的名字，對他仰慕已久。

那一天，伏特身佩紅色綬帶，面帶微笑，情緒特別好。他盛情歡迎戴維和法拉第的來訪。

戴維首先向這位電學家介紹了自己的研究工作，並同時向伏特請教了一些問題。在參觀伏特實驗室時，法拉第饒有興趣地大膽問道：「伯爵先生，能否研究出一種電流經久不完的電源呢？」

伏特驚奇地打量了法拉第一眼，眼中露出笑意，說：「後生可畏！記住吧，世界上沒有不可能的事。」

這句話一直鞭策著法拉第，使他在以後攀登科學頂峰的征程中百折不撓，勇往直前。

重返專業領域

在旅途中，法拉第經常寫信給英國的親人、朋友，向他們報平安和敘述沿途見聞。

法拉第給妹妹寫信，叮囑她照顧好母親。他給兒時的友人去信談觀看維蘇威火山的感受。他也沒有忘記給利博先生去信，表達對師傅的感激，並報告歐洲大陸的出版訊息。

然而，在這年 11 月，一封寄給倫敦哲學會會員的信裡，法拉第流露出一種很少有的憤懣和失望情緒。

法拉第在信中這樣說：「天哪！我怎麼會遠離家鄉和愛我的人，來到這異國泥淖裡，在這裡到處是虛幻的浮萍、鉤心鬥角的險影，這一切是多麼的令人沮喪啊！」

收信的朋友讀完之後，大惑不解。這到底是怎麼回事呢？一向天性樂觀的法拉第，有幸跟隨戴維爵士出訪歐洲，作科學旅遊，情緒竟會如此低落。

法拉第的朋友忘記了戴維爵士身邊還有一位太太，連戴維都拿她沒有辦法。這位貴婦人從離開倫敦的那天起，便把法拉第當做僕人使喚，這一切使法拉第難以承受。

本來，法拉第是作為助手來的，做僕人只是臨時幫忙。可是沒有想到，從法國的巴黎、里昂、蒙彼利埃，一直到義大利的都靈、佛羅倫斯、羅馬、米蘭，戴維夫婦始終沒有另

找僕人來替代法拉第。

這樣，本來的臨時幫忙變成了長期義務，科學助手成了助手兼僕人。戴維忘了自己的諾言，一半是因為他太忙，顧不上這種「小事情」，另一半也是因為太太專斷，不太體諒自己的屬下。

戴維對於自己的食言，多少有點感到對不起法拉第。所以他吩咐法拉第做事時往往是態度和藹、口氣親切。

可是，戴維的夫人就不一樣了。這個嬌小的，黑頭髮、黑眼睛的美人兒喜歡享樂，也喜歡在舞會上、在歌劇院的包廂裡展示自己的美貌和魅力。

「法拉第，把戴維爵士的皮靴拿去擦了！快一點兒！」

法拉第活了 23 歲，從來沒有人這樣盛氣凌人地對他說過話。開始他簡直愣住了。

「嗯……夫人……」法拉第含含混混地應著。他緊張地走到爵士夫婦的臥房門口，笨拙地彎下腰去拿靴子。「倫敦佬！笨蛋！」法拉第彷彿聽到爵士夫人從牙齒縫裡擠出了幾聲輕蔑的咒罵。

法拉第心裡感到一陣難過，他覺得自己的人格受了侮辱，他說話本來就帶點倫敦土腔。

法拉第知道，在上流社會裡操著這種含混不清的土腔說話，是要受人恥笑的。所以他和市哲學會裡的窮朋友們一起切磋，注意改進自己的發音。

　　為了說話不吞音，不帶鼻音，法拉第費了多少工夫！可是今天在戴維夫人面前一慌張，他的倫敦土腔又暴露出來了。

　　法拉第本來就沒有在上流社會混過。上流社會裡的紳士先生們，那站立的姿勢，說話的神態，步履的輕盈，一轉身，一點頭，都有一定的功架，都要講究風度，對於這一套，法拉第是一竅不通的。

　　這天站在爵士夫人面前，在那雙挑剔的眼睛的注視下，他不知道如何是好，越發顯得笨手笨腳。

　　替戴維爵士打雜，幹僕人的活，法拉第雖然不愉快，但是還能忍受。戴維畢竟是他的恩人，要不是戴維提攜，他今天或許還在串街遊巷幫人裝訂書呢。

　　再說，戴維的頭腦像取之不竭的知識寶庫，法拉第向他學到了多少東西啊！也許當聽差就是為了學習所付的學費。

　　可是戴維夫人算什麼呢？這個自命不凡、裝腔作勢的女人，她神氣什麼！她憑什麼對人頤指氣使、挖苦嘲弄？不過是憑她那幾個臭錢罷了。

　　法拉第受到她的欺凌，心裡升起一股怒火。這年輕人是善於克制自己的感情的，但是戴維夫人欺人太甚，完全把他當做僕人對待，他忍無可忍，開始反抗。

　　「法拉第，把漢弗萊爵士的大衣拿出去刷一刷，爵士今天晚上要出去做客。」戴維夫人又在下命令了。

法拉第正在埋頭做實驗，他裝做沒有聽見。

「法拉第先生」夫人的嗓音提高了，她把「先生」這兩個字說得特別響亮，「我叫你把漢弗萊爵士的大衣拿到外面去刷一刷，聽到了沒有？」

法拉第還是不答理她，只管繼續做自己的實驗。夫人哼了一聲，氣鼓鼓地走了。她跑到戴維面前告狀，說法拉第這小子簡直反了，叫他做事，竟理也不理。

戴維了解法拉第，這年輕人脾氣倔，自尊心又強，不喜歡人家指使他。戴維也了解自己的夫人，她愛好虛榮，對下人專橫。

一個壓，一個反抗。可是這兩個人戴維都少不了，他只能扮和事老的角色。他勸夫人說：

「算了，算了，法拉第先生正忙著做實驗，那個實驗很重要，讓他做去吧！大衣我自己刷兩下就行了。」

可是戴維夫人才不肯就這樣算了！丈夫袒護法拉第，更使她對法拉第充滿了敵意。

這窮小子算什麼東西！要不是漢弗萊爵士提拔他，他至今還在倫敦的臭水溝裡爬呢！要他替爵士做聽差，還是抬舉了他呢！這小子說話土裡土氣，一點教養也沒有，卻偏要擺出一副科學家助手的面孔，一本正經地做實驗，對於夫人的命令根本不予理睬。

戴維夫人鄙薄法拉第，法拉第也以輕蔑回報。戴維夫人

聲色俱厲地指使法拉第做這做那，法拉第用沉默作為回答。

這位盛氣凌人的夫人碰了幾次釘子，丈夫又不給她撐腰，奈何不得，只能把氣勢收斂了一些。不過有一件事情她決不讓步，她決不準法拉第和她同桌吃飯。

一路上法拉第總是與侍女、車伕一起吃飯。法拉第本人倒不在乎這個，他本來就不習慣上流社會那一套虛情假意和煩瑣的禮節，和僕人們在一起，反倒更自在一些。

然而，也有人不這樣想。有一次在日內瓦逗留期間，主人德拉里弗教授請他們一同打獵。

戴維走在前面，法拉第背槍同主人走在後面。開始，主人以為他是戴維的「聽差」，可是當他與法拉第交談時，才驚奇地發現，這位「聽差」對各國科學家正在研究的問題瞭如指掌，並且對許多問題有著自己的獨到見解。

教授問起法拉第的經歷，才恍然明白這位年輕人是戴維的助手，是一位青年科學家。然而自己卻把他錯看成了僕人，德拉里弗教授深感不平。

打獵回來，德拉里弗教授吩咐傭人在大餐桌上多擺上一套餐具，一定要法拉第和其他賓客共進晚餐。他認為這是對一位科學工作者最起碼的尊重。

但是戴維夫人堅決反對這樣做，並且揚言寧可待在自己房間裡，也不和法拉第同桌進餐，搞得戴維也很難堪。

主客雙方相持不下，最後做了折中安排：單獨替法拉第

準備了一份酒菜，送到他房間。

這件事使法拉第的地位大有提高，卻也加深了戴維夫人的恨意。衝突愈演愈烈，法拉第的自尊心受到極大的傷害。

兩年的歐洲之旅，為了科學考察，為了戴維，法拉第忍氣吞聲，忍辱負重。

然而一個人的忍耐總是有限度的，作為一個血性男兒，法拉第實在無法忍受了，火山終於爆發了。

法拉第寫信告訴他的朋友說，他離別了家鄉，離別了他所愛的和愛他的人，回家的日子遙遙無期，也許就這樣永別了呢！這樣做究竟能有什麼收穫？

「能夠獲得知識。是的，是能夠獲得知識。可是那是些什麼樣的知識呢？那是關於世態人情和舉止談吐，關於書本和語言的知識。這些東西本身確實具有無比的價值，然而他天天看到，知識出賣貞操，為最卑下的目的服務。」

「為了做一個有學問的人，要把他們降低到和惡棍、無賴為伍的地步，這有多麼墮落！做一個有頭腦的人，結果僅僅是向他們展示，周圍的人通通都是陰險奸刁、爾虞我詐！」

「可是有這樣一些人，他們僅僅受到大自然的教育，生活過得又滿意、又幸福，他們的榮譽不受汙辱，頭腦不受惡濁世風的感染，他們的思想高尚，始終不懈地追求德行，避諱罪惡，對待人家就像希望人家對待他們自己那樣，他們

為人正直、品德高尚；比起他們來，那種有學問的人又算得了什麼。」

這一年多，法拉第寫的信總是充溢著青春的歡愉。他觀察敏銳，描寫精細，感情真摯而又含蓄，文字莊重卻又不乏詼諧。讀他的信是一種享受，使人感到溫暖、親切。

在朋友們的心目中，年輕的法拉第是智慧、才幹、勤奮和自我克制的化身。可是現在，這年輕人突然爆發了，憤怒像洪水一般，衝決了理智的堤防。

當時，按原計劃戴維還將去希臘和土耳其訪問。法拉第終於決定與戴維夫婦分手，取道北上提前回國。這樣做他可能從此失去英國皇家學院的前程，然而，在當時，法拉第實在別無選擇。

可是，造物主彷彿不忍心法拉第同戴維就此訣別，就在這時，世界局勢發生了劇變。

法拉第跟隨戴維遊歷歐洲的兩年，正是拿破崙帝國土崩瓦解的時候。1814 年 4 月，拿破崙被迫退位，被困在義大利的厄爾巴島上。1815 年 3 月，拿破崙逃出厄爾巴島，東山再起。

這位末路英雄從法國登陸，戰事重開。整個歐洲陷於一片混亂。戴維爵士決定取消去希臘、土耳其的計畫，立即起程，提前回國。這樣法拉第便沒必要提前和戴維分手了。

同年 4 月，他們一行繞道德國、荷蘭，經比利時回到英

國。離開比利時首都布魯塞爾時，法拉第懷著歸心似箭的心情，給母親寫信報告歸家的日程，喜悅之情溢於言表。

然而出乎意料的是，當法拉第回到倫敦，竟發現自己失業了。原來在他隨戴維遊歷歐洲的兩年中，皇家學院已另聘了實驗室助理。

除非戴維爵士對他歐洲之行的工作給予極高的評價，否則想在皇家學院謀職，希望甚小。此時，法拉第再次感到前景的渺茫。

法拉第在焦灼中等待了兩個星期，當他考慮是否應該重回書店之時，戴維爵士再次伸出了援助之手。

第二個星期的最後一天，皇家學院派人送來通知，讓法拉第重回學院上班。職務仍然是實驗室助理，兼任儀器總監，每週薪水從 25 先令增至 30 先令。

法拉第就此踏上了新的征程。

科學研究

如果實驗不成功，這只能表明我不善於處置它；經過多次實驗，假若還是不能成功，那也應當找出原因來。──法拉第

獨立進行的科學研究

　　法拉第重新在皇家學院任職後，便全身心地投入到實驗室工作。法拉第並非一個盲目的實驗家。他經常以助手的資格參加皇家學院的講習會，充分利用皇家圖書館的數據，並向戴維爵士和經常來院的著名科學家求教。

　　但是，法拉第最好的老師，還是所做的那些實驗本身。在科學的實驗中，不同的操作者，不同的條件，常會得出不同的結論。重要的是要善於發現和正確判斷。

　　法拉第每一次實驗都一絲不苟，他對實驗中的各種現象極為敏感，善於捕捉那些偶然閃現的思想火花。他並不滿足現成的結論，不盲目崇拜經典理論，總喜歡探索新的東西，是他的最大特點。

　　在實驗面前，法拉第是一個優秀的探險家，是一個不倦的勘探者。在兩三年時間裡，經過實際鍛鍊，法拉第完全具備了出色的實驗才能。

　　在戴維的親自指導下，法拉第開始走上獨立研究的道路。1816 年，25 歲的法拉第在《科學季刊》上發表了第一篇科學論文。

　　法拉第當時還有些擔心害怕，這種初出茅廬的緊張，每一個第一次發表文章的年輕人都會有親身的體會。

這篇論文不長，內容是對生石灰的化學分析。法拉第是在旅歐途中發現這種石灰的，這是他跟隨戴維出國考察的第一個直接的收穫。

《科學季刊》由接替戴維講座的布蘭德教授主編。布蘭德教授對法拉第的文章十分欣賞，特地邀請他協助編輯《科學季刊》。

法拉第得到一個很好的鍛鍊機會，第二年，法拉第在《科學季刊》上發表了 6 篇論文。

1818 年，法拉第又發表了 11 篇論文，這些論文所涉及的課題，大都是應戴維和布蘭德的要求做的，屬於化學分析領域。

其中有一篇關於火焰的學術報告，大膽地指出了名家理論的錯誤。這篇論文代表著法拉第科學上的準備時期已告終結。

名師出高徒，在戴維的引導下，法拉第經過刻苦鑽研，勤奮工作，終於成為一個年輕有為的化學家。

這個時期，法拉第還協助戴維完成了一個重要的科學研究課題：研製安全礦燈。

當時的英國煤礦曾多次發生可怕的瓦斯爆炸，損失傷亡慘重。有一次卡爾迪弗礦井爆炸，造成上千名的礦工死亡，英政府宣布全國服喪致哀。

為解決這一難題，英國國會專門成立一個委員會來研究加強礦井安全的措施，並特邀戴維爵士參加這項工作。

戴維義不容辭地欣然受命。為查詢原因，戴維和法拉第深入礦井調查，經過研究，他們發現，瓦斯爆炸是由礦燈裡的火焰引燃的。

如果在礦燈周圍裝上一層金屬網罩，火焰的熱量會被金屬散發掉，瓦斯便不會爆炸。

根據這一原理，戴維發明了一種有罩的安全礦燈。在現在看來，這種安全燈已經過時，但在那個時候卻拯救了成千上萬個礦工的生命。

因此，有人把戴維發明安全礦燈和英國名將威靈頓在滑鐵盧大敗拿破崙，並列為 1815 年英國的兩大勝利。

戴維因發明安全礦燈的功績，獲得了倫福德勳章。在兩年後出版的安全燈論文集裡，戴維爵士特意寫道：我本人向法拉第先生致謝，他在我的實驗中，給予了許多有力的幫助。

1818 年，戴維爵士再次到歐洲大陸訪問。這次他是應義大利科學家的邀請去解決考古方面的難題。

西元 79 年維蘇威火山爆發，埋葬了兩座城市，一座是龐貝，另一座是赫庫蘭尼姆。

義大利人在赫庫蘭尼姆廢墟裡，發掘出多卷用紙草編織的古書。這些古書已被黏成一團，很難把它們分開。他們期望能用化學的方法使這些古籍重見天日，於是想到了無所不能的戴維。

然而，偉人也不是全知全能的，這一次戴維沒有解決這

一難題。他用盡了各種方法都沒有成功。

1819 年，戴維寫信邀請法拉第去羅馬，與他合作克服這個難題。幾次書信往返和法拉第商量這件事情，但是法拉第經過慎重考慮，最後婉言謝絕了導師的邀請。

當時，在法拉第的心目中，戴維依舊像神明一樣神聖。他收集戴維的每一頁手稿和實驗記錄，把那些信手書寫、隨筆塗改的紙片當做寶貝珍藏起來。

法拉第還用自己工整秀麗的小字把戴維的手跡謄抄清楚，裝訂成兩大冊儲存起來。本來，戴維召喚法拉第，就像磁石吸鐵那樣靈驗。

可是法拉第一想起幾年前遊歐洲大陸的情景，心就涼了。一切的不愉快都是那位嬌小的爵士夫人引起的，而現在她正在羅馬，陪伴在爵士身邊。不，絕不能再到那裡去受屈辱了！

法拉第謝絕戴維的一番好意，還有一個原因，那是因為法拉第在皇家學院所起的作用越來越大，簡直難以脫身。

自從他來到皇家學院，實驗室裡變了樣，玻璃器皿擦得錚亮，儀器安放得井然有序，窗明几淨，面目一新。

這個年輕人面貌溫和，內心火熱。他心裡只有工作，只有科學，皇家學院的院長和理事們當然捨不得他走。

除了上面這些原因，其實還有一個重要原因，那就是現在的法拉第，喜歡上了一個女孩，他開始戀愛了。

踏入婚姻生活

　　年輕人要愛情，就像春天要開花。法拉第的愛情季節來了。但是愛情太昂貴。為了得到愛情，需要花費大量的時間。

　　法拉第太窮了，也太吝嗇了，雖然他需要愛情，但是卻出不起那樣的高價。而且對於婚姻和愛情，青年法拉第曾經抱著敬而遠之的態度。幾年前陪同戴維夫婦遊歷歐洲，使他深感結婚並沒有給戴維帶來什麼幸福。

　　看來，法拉第下定決心一輩子過獨身生活了。年輕人披星戴月，走上了科學的戰場。

　　法拉第面容嚴峻，一步一個腳印，沒有任何關於愛情的遐想，甚至故意對愛情進行排斥。然而，就在法拉第有了這樣的選擇之後沒有多久，頑皮的愛神就來捉弄他，乘他不備，把他俘虜了。

　　倫敦的紅十字街保羅衚衕裡有一個小教堂，每星期天總有 100 多個教徒在這裡舉行禮拜儀式，他們是桑德曼教會的信徒。

　　這個教會的創始人是桑德曼牧師，他繼承岳父格拉斯牧師的事業，主張重內容，輕形式。

　　基督教的真諦就在於耶穌基督和他的門徒的教誨，只要

堅信《聖經》，照《聖經》上說的去做，世人就能得救。

這個小教派的信徒大多是窮人。他們沒有專職牧師，教會的事務由選舉產生的幾名長老主持。他們固守自己的陣地，不向外傳道，不擴充套件會眾。其他教派的那種繁文縟節，他們通通不需要，他們遵循古老的傳統。為了發揚基督教平等博愛的精神，他們甚至像《聖經》上所記載的那樣相互洗腳。為了強調基督的天國絕非塵世可以比擬，桑德曼教會的教徒受到告誡，不許棄貧愛富，積斂財產。

在金錢萬能、拜金成風的社會裡，這小小的桑德曼教會居然能夠存在，不能不說是一個奇蹟。

法拉第的家裡，從祖父開始就是桑德曼教會的信徒。法拉第從小跟著父母在紅十字街保羅術術的教堂做禮拜。

法拉第在教堂裡認識了巴納德先生，巴納德是個銀匠，還是桑德曼教會的長老之一，他有兩個兒子，三個女兒。

很快，法拉第和巴納德全家交了朋友，特別是巴納德的長子愛德華，因為參加法拉第他們的學習活動，和法拉第交往密切。

1818 年，一個名叫史托達特的刀片製造商因為研究新的優質合金鋼的生產方法，到皇家學院來請求幫助。

法拉第接受了這個任務，他非常重視廠裡老工匠的經驗，決定到威爾士去做一次徒步旅行，沿途考察，收集民間的各種生產經驗。

　　1819 年夏天，法拉第踏上旅途，他的第一個目的地是蓋斯特先生創辦的鍊鐵廠。

　　實驗室裡那種寧靜和慢條斯理的工作作風，同工廠裡的那種緊張、喧鬧和熱氣騰騰恰好成為對照。

　　法拉第聽到了機器的轟鳴，看到了飛輪、齒輪、皮帶輪的飛速轉動，他學到了許多工業生產知識，但是製造新的優質合金鋼的關鍵仍舊沒有找到。

　　法拉第繼續在威爾士的山林間漫步，到各地的工廠和礦山去參觀。旅行回來，法拉第曬黑了。他覺得自己健康、幸福，心裡也彷彿充滿了陽光。

　　有一天，法拉第無意中把自己的筆記拿給好朋友愛德華看。愛德華在他的筆記中竟然看到了一首聲討愛情的詩，在這首詩中，法拉第詛咒愛情是「傳染病」「掃帚星」「把聰明人變成了糊塗蟲」。

　　愛德華哈哈大笑，把又正經又古板的法拉第奚落了一番。

　　愛德華回到家裡，把法拉第關於愛情的古怪想法悄悄地說給 20 歲的妹妹莎拉聽。莎拉是一位恬靜、文雅、長著一頭美麗的棕色鬈髮的姑娘。

　　機靈的愛德華近來發現，他只要一談起法拉第的事情，妹妹的臉上就會流露出一種奇異的表情，要是她在繡花，就會停下針來，出神地聽著，要是她空手坐著，又會趕緊拿起

繃子來繡花。

這小姑娘對法拉第有興趣了！愛德華想。

要是一個男子表現出對所有的女子都不感興趣，那麼他就一定足以引起許多女子的興趣，法拉第就是這樣。

法拉第那首譴責愛情的詩，更引起了莎拉對他的興趣。至於法拉第，愛德華的擔心也是多餘的。

其實，莎拉這恬靜文雅的姑娘，她那高潔的前額，亮晶晶的大眼睛，也吸引了法拉第的注意。

有時他們在教堂裡打了照面，姑娘會羞澀地低下頭去，把滿頭美麗的鬌髮對著他，可是看得出，姑娘那張孩子氣的嘴露出了微笑，眼中射出了快樂的光彩。

這時法拉第彷彿覺得，那快樂的光彩照到了他的心裡，胸中不禁會升起一種異樣的、溫暖的感覺。

漸漸地法拉第愛上了莎拉，但是他不願意承認自己愛上了，因為他是堅強的，有自制力的。然而他畢竟愛上了，春天要開花，青年人要戀愛，法拉第被愛神俘虜了。

有一天，法拉第到巴納德家裡做客，突然，溫柔、羞澀的莎拉跑上來，勇氣十足地對法拉第說：「法拉第先生，聽說你有一個筆記本，裡面寫了許多有趣的詩，能不能拿來給我看看？」

法拉第對於這突如其來的要求毫無思想準備，他只能含含糊糊地搪塞說：「嗯，嗯，巴納德小姐，那個筆記本裡全

是胡扯，沒有什麼好看的，還是別看了吧！」

「不，不是胡扯，法拉第先生，」溫柔的莎拉說話，語氣裡竟帶著幾分嘲諷的味道，「我聽說了，你的詩是很有教育意義的。聽說你訓斥女性，咒罵愛情，我很感興趣。我很想拜讀你的大作。我一定要拜讀。明天請你一定把筆記帶來。」

溫柔、羞澀的莎拉提出這樣堅決的要求，使法拉第無法拒絕。第二天，他只能硬著頭皮把自己的筆記帶給莎拉。

莎拉拿著法拉第的筆記，翻來覆去地看，似乎每看一遍都會看出一層新的意思。

那首聲討愛情的詩固然使莎拉有點生氣，可是今天那首墨跡未乾的表示悔過的詩，卻使莎拉又驚又喜。「用行動改正我的錯誤」引上悔改的道路，這是什麼意思？

莎拉是個聰明的姑娘，自然懂得這種隱諱含蓄的文字。這個法拉第先生，真是個書呆子，用這樣的詩來求愛，真可笑！但是不管怎麼可笑，他的求愛開始了。

法拉第的愛情來得晚來得慢，可是一旦來了，卻又強烈又持久。就像一切心地單純的人那樣，法拉第不懂得什麼叫猶豫。

1820 年 7 月，法拉第開始寫信給莎拉，他在信中說：「你知道我過去的偏見，也知道我現在的想法，你了解我的弱點、虛榮心和全部思想；你使我從一條錯誤的路上次頭，

讓我有希望，你將設法糾正我的其他錯誤。請不要收回你的友情，也不要因為我要求比友情更進一步而用絕交來懲罰我。如果你不能給我更多的東西，那就讓我像現在這樣繼續做你的朋友。可是，請你了解我的心情。」

如果說，那首請求寬恕、表示悔改的詩還僅僅是一種暗示，那麼現在這封信卻是直言不諱了。

莎拉把信拿給父親看，心撲通撲通地跳著，等待著父親的回答。巴納德先生看完信，摘下老花眼鏡，盯住面孔漲得通紅的女兒。

老銀匠心裡很高興，可是他卻對女兒說：「親愛的，你那位法拉第先生是個聰明的哲學家呢！可是哲學家遇上了愛情就會變成糊塗蟲。孩子，你拿得準嗎？他的求婚是認真的，還是一時頭腦發熱？這樣吧，孩子，你和你姐姐離開倫敦，到拉姆斯蓋特去住一陣，讓法拉第先生的頭腦冷靜一下，看他冷靜下來以後說些什麼，我們再作決定好嗎？」

莎拉跟姐姐雷太太到拉姆斯蓋特了。法拉第的頭腦不但沒有冷靜下來，反而更熱了。他跳上驛車，跟到拉姆斯蓋特。

當天晚上，他就找到了莎拉，姑娘又驚又喜：她的歡喜藏在心裡，驚訝卻表露在臉上了。

法拉第把事先準備好的話忘得一乾二淨，他發起牢騷來，他把拉姆斯蓋特的道路、旅舍、居民通通罵了一頓。

「法拉第先生，」姑娘委屈地說，「你罵拉姆斯蓋特，是不是因為我在這裡？你既然討厭這個地方，為什麼還要來呢？」

法拉第急忙解釋說，他不是這個意思，剛才發牢騷是因為心裡煩惱。拉姆斯蓋特再壞上 100 倍，壞上 1000 倍，他也會跟來的。

法拉第改換話題，談起了倫敦的工作，談起了家裡的朋友和親人，對，朋友、親人、家，這才是莎拉喜歡的話題。

法拉第在拉姆斯蓋特停留了很長時間，可是天氣一直不太好。後來，天空終於晴朗了，他帶著莎拉到多佛爾海邊去玩。兩個年輕人站在絕壁頂上，頭上是藍色的天空，腳下是藍色的大海，海風把他們的頭髮吹亂了。就在那裡，莎拉答應了法拉第。

1821 年 5 月，法拉第被提升為皇家學院事務主任，並且在布蘭德教授請假離任期間代理實驗主任的職務。

根據規定，事務主任可以攜帶家眷，在皇家學院大樓的樓上占用兩間比較大的房間。

1821 年 6 月 12 日，確實是很安靜地度過的。法拉第沒有邀請許多親友來參加婚禮，因此還得罪了一些人。

早晨，新郎、新娘去教堂，靜悄悄地舉行了婚禮儀式。隨後去新娘家搬東西。東西搬到皇家學院大樓樓上，實驗室裡出了些問題。助手上樓來找法拉第，小聲向他報告。

　　法拉第一聽馬上就下樓。在實驗室裡忙了一下午。等他想起新娘正獨坐在上面那一堆堆凌亂的家具中，急忙趕到樓上，天已經不早了。新娘沒有生氣，她只是說：「唉，麥可，你看……」

　　話沒有說完，她又溫柔地笑了。

　　新婚那天雖然安安靜靜地過去了，卻給法拉第留下了永生不忘的印象，那天的每個小時、每分鐘都是值得紀念的。

　　那一天，兩個桑德曼教會的信徒結合了，恬淡、幸福的家庭生活開始了。

　　婚後，法拉第沒有帶著莎拉去度蜜月，他手頭正有重要的工作。在舉行婚禮的那天，戴維爵士寫來了一封賀信：

　　「希望你繼續努力，工作順利，在夏天做出許多成績。祝你婚後幸福，相信你一定會幸福的。親愛的法拉第先生，我是你真誠的朋友。漢‧戴維」

開始電磁學研究

法拉第又投入了緊張的科學研究。當時，他正埋頭進行電和磁的探索，這是世界科學界都在關注的熱門課題。

談到法拉第對電磁學的研究，還需對電磁學的發展史作一簡單的回顧，必須提及丹麥科學家奧斯特的發現。

在法拉第結婚的前一年，即 1820 年，奧斯特發現了電流的磁效應，第一次揭示出電和磁的密切連繫。這件事改寫了電學史，也改變了法拉第的研究方向。

電和磁猶如一對孿生兄弟，有許多相似之處。古希臘哲學家泰勒斯曾把電和磁錯誤地看做同一回事，認為摩擦琥珀吸引草屑和磁石吸引鐵片，都是因為「有靈魂」。

1600 年，一位名叫吉爾伯特的英國御醫糾正了泰勒斯的錯誤，明確指出電和磁是兩種不同的現象。

但是自從那時以後，許多人又把電和磁當成互不相關的東西。在人們的心目中，磁是磁，電是電，兩者沒有任何關係。

到了 18 世紀中葉，德國大哲學家康德對世界提出了一種全新的見解。他在 1786 年出版的《形而上學》一書裡寫道：自然界的作用力，如電、磁、熱、光和化學親和力等，都是引力和斥力在不同條件下的轉化。

　　而在這一年之前，法國學者庫侖經過實驗斷言，電和磁兩者之間沒有關係，也不能相互轉化。

　　康德闡述的是一種思想，庫侖提出的是一個實驗的結論。因而當時絕大多數科學家覺得後者更可信，認為庫侖的觀點是正確的。電和磁究竟是否有連繫呢？

　　科學家說：「兩者不會有關係。」

　　哲學家說：「兩者會有關係。」

　　大自然卻提供了一些神祕的問號。

　　早在 17 世紀，人們就發現了一些奇怪的現象。1681 年 7 月，一艘航行在大西洋的商船被雷電擊中，結果船上的三個羅盤全部失靈：其中兩個消磁了，另一個指標的南北指向顛倒。

　　還有一次，義大利的一家五金商店遭到閃電衝擊，事後發現被擊毀的盒子裡，有的刀叉被燒熔，有的被磁化了。

　　這些現象說明，閃電既能使鋼失去磁性，又能讓鋼帶上磁性。據說，富蘭克林在一次做萊頓瓶放電實驗時，也曾意外地發現，鋼針被磁化了。

　　如何對這些現象作解釋呢？

　　1820 年，一位具有哲學頭腦的化學家解決了這個難題，第一個發現了電磁之間的微妙關係。這位開路先鋒的名字叫奧斯特。

　　奧斯特 1777 年 8 月生於丹麥的路克賓，父親是一個製

藥匠，家境貧寒。奧斯特 12 歲即幫父親製藥，因此他對化學著了迷，17 歲考入哥本哈根大學，攻讀理化和藥物學，同時對哲學產生極大的興趣，22 歲獲哲學博士學位。

大學畢業後，奧斯特曾去柏林旅行，結識了不少科學家。1804 年，他回到丹麥，在哥本哈根大學任自然哲學教授。

奧斯特信仰康德的自然哲學觀，相信自然界的各種力是統一的，光、電、磁、化學親和力等在一定條件下可以互相轉化。其博士論文題目便是《康德哲學思想與自然科學》。

在這種哲學思想的指導下，他一直試圖尋找電力與磁力之間的連繫。這是一次大膽而又目的明確的探索，但是道路是曲折的，他做了許多實驗，都未能如願以償。起初，奧斯特用萊頓瓶實驗，沒有發現它有磁效應，後又改用伏打電堆產生的電流做實驗，也失敗了。但他卻沒就此止步，而是勇敢地探索下去。

1819 年冬季至 1820 年春天，奧斯特從事了電學與磁學的講課。這幾個月對他來說是十分重要的。

奧斯特重新思考多年來一直縈繞在心的那個問題：如何使電流向磁轉化。他想如果電流能產生磁效應，也許這個磁效應的作用是橫向的，而不可能沿著電流的方向。因為不少人沿著這個方向去探索，結果都沒有得出理想的答案。

這是一個大膽而聰敏的設想。

　　1820 年 4 月的一天，奧斯特在課堂上抱著試一試的想法，做了一次即興實驗。

　　奧斯特把一根很細的鉑絲連在伏特電槽上，細鉑絲下擱著一個用玻璃罩著的磁針，以往的實驗，磁針與導線是垂直的，這次他特意讓磁針與細鉑絲平行。在許多學生的面前，奧斯特接通電源，這時他猛然發現，磁針果然擺動了一下！

　　由於他實驗的電流很小，磁針的擺動不會太的明顯，在場的學生並沒有注意到這一現象，然而奧斯特卻大喜過望。

　　據說奧斯特當時高興得竟然在講臺上摔了一跤。只有奧斯特知道，這是人類第一次有意識地發現了電和磁的關係！

　　又經過三個月的深入研究，奧斯特終於搞清楚了在通電導線的周圍，的確存在一個環形磁場，這正是他一直在尋找的電流的磁效應。

　　1820 年 7 月 21 日，奧斯特在一家刊物上公布了自己的實驗結果，論文題目是《關於磁針上的電流衝擊的實驗》。

　　這是一篇劃時代的論文，薄薄四頁，沒有任何數學公式，也沒有示意圖，但它以簡潔和精練的文字向全世界宣告：人類第一次找到了電和磁的轉換關係。

　　電和磁，這兩條古老的河流在奧斯特這裡匯合了！

　　奧斯特的發現轟動了全歐洲的物理學界。人們本來以為毫無關聯的兩種現象，竟有如此奇妙的關係。

　　這個發現成了近代電磁學的突破口，各國科學家紛紛轉

向電磁研究。法拉第後來對奧斯特的發現作了如此精闢的評價:「它猛然開啟了一個科學領域的大門,那裡過去是一片漆黑的,如今充滿了光明。」

全世界科學家的視線都集中到這裡來了。他們奮蹄揚鞭,躍躍欲試,法國的一批科學菁英衝在最前面。

奧斯特的發現是 7 月 21 日公布的,9 月 11 日,一位從瑞士旅行回國的法國科學院院士阿拉哥把這一訊息帶回了巴黎。

阿拉哥在法國科學院的例會上,興奮地介紹了奧斯特的最新發現,在座的院士們大為驚奇。

法國科學院的院士們一直為庫侖的傳統觀點所束縛,確信電和磁沒有什麼連繫。殊不知庫侖的結論是在靜電、靜磁的條件下得出的,只具有區域性真理的性質。一旦電荷流動起來,奇蹟就發生了!

安培也曾經十分贊成庫侖的觀點。但他思想活躍,頭腦敏銳,十分善於接受他人的研究成果。

在例會上聽到奧斯特的發現後,安培立即改變了自己往昔的固執看法,第一個意識到這一驚人的發現,為科學家們提出了激動人心的新課題。

安培想,既然磁體和磁體之間有作用力,磁體和電流之間也有作用力,那麼電流和電流之間是否也會相互作用呢?

這是一個極富想像力的推測,安培決定立即進行實驗。

　　正當大多數的科學家們還沉浸在對奧斯特發現的驚嘆之中，安培已在實驗室中緊張地做起實驗來。

　　僅僅在奧斯特的發現傳到法國的兩星期之後，也即 9 月 25 日，安培向法國科學院報告了自己的新發現：當兩根平行導線通上同向電流時，相互吸引，電流方向相反時，相互排斥。

　　安培的發現是繼奧斯特之後有關電磁現象的第二個重大發現，這充分證明了電流確實具有磁性，電現象和磁現象之間存在著不可分割的連繫！

　　繼安培之後，法國其他一線科學家們也紛紛上陣，向這一新領域發起了衝鋒。即在安培公布平行電流的同一天，阿拉哥宣讀了題為《關於鋼和鐵在電流作用下被磁化的實驗》的論文。

　　10 月，比奧和薩伐爾用數學公式概括了奧斯特效應中電流和由它引起的磁場之間的定量關係，此公式被命名為比奧 - 薩伐爾定律。

　　戴維敏銳地意識到奧斯特的新發現包含著不可估量的價值。這位一向站在科學前沿的闖將興奮得再也坐不住了，他把法拉第找來，一起研究。29 歲的法拉第同樣被這個重大發現所吸引。師生兩人懷著極大的興趣重複了奧斯特的實驗。果然，南北指向的磁針在通電導線下面會轉成東西方向。

　　電和磁存在微妙的關係已是不容置疑的了，法拉第久久地思索著：這是什麼原因呢？

　　許多科學家也都在思索著同一個問題，因電流和磁之間的作用力，跟當時已經知道的任何一種力，如萬有引力、靜電力、磁力都不同，這些力皆表現為推或拉，而新發現的力卻是一種轉動的作用。

　　這其中的奧祕是什麼？其背後是否有更深層的內容呢？無論是奧斯特本人、安培、戴維，還是別的電學家，一時都無法解開這個謎。

　　法拉第完全懂得這一發現具有不可估量的意義，他決心沿著奧斯特開啟的缺口，作進一步的探索。

實現科學上的新突破

　　以法拉第當時的助理身分，是沒有資格涉足導師的研究領域的，然而他無法抵擋住真理的誘惑，毅然決然地一頭闖進了電磁學這個充滿著未知和神祕的領域。

　　在英國皇家學院的科學家中，除戴維外，還有一位名叫威廉・沃拉斯頓的科學家對電和磁抱有極大的興趣。

　　沃拉斯頓知識淵博，而且是皇家學院院士、戴維的好友，1903 年因發現金屬元素鈀和銠而聞名國內外科壇，另外還發明了氣壓表、測微計、天平激碼等多種儀器。

　　沃拉斯頓為人豁達，多才多藝，據說能在玻璃上刻出蠅頭小字，其微細程度，只有用顯微鏡才能看清。

　　幾個月前，英國皇家學會會長班克斯爵士病逝，繼任會長人選，沃拉斯頓和戴維呼聲最高，但沃拉斯頓不願和朋友競爭，因此謝絕了提名，後來戴維當上了皇家學會會長。

　　在法拉第與莎拉舉行婚禮前兩個月，也即 1821 年 4 月的一天，沃拉斯頓興沖沖地到皇家學院實驗室來找戴維。

　　「老朋友，我設計了一個絕妙的實驗，可以讓通電導線自己轉起來！」55 歲的沃拉斯頓滿臉紅光，像孩子一般興奮。

　　說著，他從口袋裡掏出一張草圖，向戴維解釋起來。根

據沃拉斯頓的設計，在兩個金屬碗中間夾一根導線，給導線通上電流，然後拿一根磁棒移近導線，導線就會繞著自己的軸轉起來。

戴維看完草圖，意味深長地點了點頭。用一塊磁鐵使一根通電的導線沿著自身的軸轉動，這的確是絕妙的奇想！奧斯特發現了電能影響磁，而沃拉斯頓卻從反面去實驗，要證明電也能被磁影響。

沃拉斯頓要求戴維立即為他安排實驗。法拉第當時恰好不在實驗室裡，戴維只好親自動手，為沃拉斯頓當幫手。

一切準備妥當，戴維給導線通上電，可是他們期待的那一刻沒有出現：導線並沒有轉動。

接著，他們又重複實驗了幾次，結果導線仍沒動。這是什麼原因呢？沃拉斯頓失望地聳了聳肩。戴維俯下身去，仔細地檢視每一個環節，結果沒什麼差錯。

「也許，上帝知道其中的原因！」戴維無奈地說了句玩笑話。

當法拉第來到實驗室時，他們兩個已做完實驗，正在收拾儀器。他們一面收拾殘局，一面討論通電導線不會轉動的緣故。

奧斯特的實驗證明了，通電導線能使磁針發生偏轉。按照作用與反作用的原理，磁體也應該使通電導線發生轉動，這是符合邏輯的。

可到底為什麼沃拉斯頓的通電導線轉不起來呢？法拉第仔細地聽著兩位大師的討論，他沒有做聲。

法拉第不是皇家學會成員，他只是學院的一名助理。如果自己想獨自進行電磁實驗是需要勇氣的。

根據皇家學院當時的規矩，假使一個科學題目已經由一位著名的科學家進行研究，比他地位低的人就不能進行同樣課題的研究。換句話說，他沒有資格「侵入」老師的研究領地。

法拉第早就對電感興趣，十幾年前在利博先生店鋪的閣樓上就擺弄發電機、萊頓瓶。到了皇家學院以後，法拉第整天忙著做化學實驗，反而把電的研究擱在一邊。

戴維和沃拉斯頓的討論，像幾粒火星落到一堆乾柴上，點燃了一場熊熊烈火。

電和磁對法拉第的吸引實在太大了，他情不自禁地越過了雷池。既然現有的理論無法解釋新現象，法拉第決定從實踐中尋求答案。

法拉第把收集到的有關電磁現象的數據，仔細地進行比較研究，並且一一用實驗來重新檢驗。

經過一番對比和思考，法拉第突然意識到：沃拉斯頓的實驗失敗了，並不意味著沃拉斯頓思路無法行得通，假如用另一種方法來進行實驗呢？

婚禮的第二天，法拉第就投入了新的嘗試。他採用了很

175

多方法進行實驗，都沒有成功，但他一點兒也不氣餒，繼續設計新的方案。

9月3日，這位天才的實驗家終於想出一個妙法：他把一根磁棒直立在一個玻璃缸中，磁棒底端用蠟固定於缸底，然後在缸中盛滿水銀，只使磁棒的北極頂部露出於水銀面。

接著，法拉第用一根粗鋼絲穿過軟木塞，讓它浮在水銀液面上。粗鋼絲的上端透過一根細銅線連在伏打電堆的一個極上，粗鋼絲的下端浸於水銀液裡。

然後，法拉第又用一根導線連在伏打電堆的另一個極上，只要把這根導線浸到水銀液裡，便會形成一個閉合迴路。

法拉第的實驗設計關鍵是採用水銀，它既導電，又將轉動的阻力減到最小。穿過鋼絲的軟木塞浮在水銀液麵上，稍有一點扭動都可以發現。

法拉第把電源接上，使他驚喜異常的是，軟木塞上的那根鋼絲果真繞著磁棒轉起來了。

「轉起來了！轉起來了！喬治，你快看！」法拉第欣喜若狂，叫喊起來。

喬治是莎拉的弟弟，這天來這裡做客，恰好在場觀看法拉第的實驗。小夥子仔細觀看，那插在軟木塞上的導線，像被一種神奇的魔力所牽引的桅桿，顫巍巍地擺動著，在小小的水銀液麵上移動。

　　這實在是神了！喬治睜大眼睛，說不出話來。法拉第卻快活得手舞足蹈起來，他跑上樓去，硬把新婚三個月的妻子莎拉拽下來，看他的實驗，共享實驗成功的喜悅。

　　法拉第猜想，假使把磁棒的北極固定在缸底，銅線會繞著磁棒的南極，向相反方向旋轉。他把磁棒倒過來，再做實驗，果然和他預料的一樣。

　　莎拉的臉上露出驚喜的笑容，喬治則「啪啪」地鼓起掌來。

　　法拉第確實是一個實驗迷，而且從來不知疲倦。他並不滿足取得的初步成功，又進一步做了一個實驗。

　　法拉第把那根粗鋼絲固定在盛滿水銀的玻璃缸中，然後讓磁棒直立地漂浮在水銀中，使其中一頭露出液面。當他接通電源時，磁棒就繞著通電的銅絲轉動起來。

　　就這樣，法拉第製成了科學史上第一個電動馬達。當時他並沒有想到這個粗糙、原始的玩意兒，有一天會代替蒸汽機。

　　然而法拉第十分清楚，自己獲得了又一有力證據，證明通電導體在自身周圍形成一個磁場。他想像電和磁就像銅幣的圖案和字樣，是同一事物的兩面。既然電流可以產生磁，那麼磁就一定能夠產生電流。

　　法拉第在日記裡寫下了一個閃光的設想：「把磁轉變成電！」

　　為了表示祝賀，當天晚上，法拉第帶著莎拉和喬治，一起去大劇場看馬戲。莎拉和弟弟不斷為小醜的滑稽表演喝采，法拉第卻還沉浸在成功的實驗裡。

　　艾斯利馬戲場裡，鼓點敲得又密又緊，號角吹得又響亮又花哨，那一匹匹裝扮得花花綠綠的小馬，一溜小跑進場了。法拉第跟著大家一起鼓掌。

　　小馬跑著圈兒，越跑越快，觀眾的掌聲越來越熱烈，法拉第的思想卻回到了實驗室。

　　法拉第在想，明天該做些什麼實驗呢？應該在實驗日記上補一個儀器草圖，應該再做一個實驗，讓磁鐵繞著通電導線轉，既然導線能夠繞著磁鐵旋轉，那麼磁鐵當然也應該能夠繞著導線旋轉。

　　法拉第隱約地預感到，這是一個不同尋常的結果。奧斯特也好，尊敬的安培也好，都只發現了磁力的存在，而自己今天卻證明了這種磁力能使通電導線不停地轉動。

　　也許這是又一次突破，沃拉斯頓和戴維都沒有成功，而自己這樣一個無名小卒卻成功了。戴維和沃拉斯頓知道後，會怎麼想呢？法拉第把自己的實驗結果寫了一篇報告。

　　法拉第原本不計劃立刻發表論文的，他需要先將實驗結果向沃拉斯頓和戴維報告，先得到兩位前輩的認可。

　　於是，法拉第寫了一篇報告，報導自己的實驗結果。他想在報告裡提一下沃拉斯頓的工作，還想說明一下沃拉斯頓

的電磁轉動實驗和他自己的電磁轉動實驗有什麼區別。

　　法拉第帶著報告手稿跑去找沃拉斯頓博士。不巧，博士出去旅行了，戴維爵士也不在倫敦，他們都不在。

　　不徵得他們本人的同意，貿然引用他們失敗了的實驗，這樣做是不是有些不妥當？法拉第對沃拉斯頓十分敬重，經過慎重考慮，他決計還是不提沃拉斯頓的失敗的實驗為佳。

　　此時，《科學季刊》的編輯正好向法拉第徵稿，他有些猶豫。然而朋友們都鼓勵他發表自己的實驗報告。加上《科學季刊》是三個月才發一次稿，機會難得，法拉第最終將報告寄給了編輯部。

獲得成果

任何人要撈到一樣好東西，都沒有十足的把握。或許你花費了那麼多勞動，想撈到金子，但撈到的卻永遠是沙子。

——法拉第

面對抄襲風波

法拉第和莎拉結婚已經三個月了，結婚的時候，法拉第正忙著寫那篇《電磁研究的歷史概況》。他在市哲學會裡結識的朋友，《哲學年刊》的編輯菲利浦正等著他的稿子。

儘管這樣，法拉第還是想把稿子放一放，和莎拉一起去度蜜月。愛情是美好的，青春是美好的。

很快，法拉第陪著新婚三個月的妻子莎拉乘車南下，到布賴頓海灘度蜜月去了。法拉第和莎拉肩並肩坐在車上，驛車一顛簸兩個年輕人的頭就撞在一起了。

兩張健康的臉上都露出幸福的微笑，他們又談起了陽光燦爛的布賴頓，以及回倫敦以後要做的事情。

在旅行途中，法拉第過了自己的 30 歲生日。一個青年學者正好應了「三十而立」的古訓，他希望自己的新發現，能得到科學界的承認和重視。

這一對情侶度完蜜月回到倫敦的時候，已是 10 月。新出版的這一期《科學季刊》上，登載了法拉第的論文。

使法拉第感到意外的是當他回到皇家學院，等待著他的不是掌聲、讚揚，而是冷言冷語。

科學界的人都在說：法拉第「剽竊沃拉斯頓的研究成果」，寫了一篇論文，登在《科學季刊》。唉，真沒有想到，

這樣有前途的青年，竟不顧臉面，自甘墮落！

兩位大科學家正在研究的課題，一個實驗室助理竟然擅自闖入，捷足先登，甚至不打一聲招呼，就公布了自己的結果，學術界很難容忍這種「犯禁」的事。

法拉第開始並沒有想到問題會如此嚴重，以為只是一場誤會。他誠懇地向人解釋說：沃拉斯頓博士的實驗和自己的實驗完全是兩碼事。博士是想讓通電導線繞著自己的軸轉，這沒法辦到；而自己是叫通電導線繞著磁鐵轉，這成功了。兩種實驗的方法也不相同。

然而，無論他如何解釋都於事無補。別人不論你的實驗是如何轉動，反正是轉動。

這是沃拉斯頓最先提出的思想，你法拉第不過只是變個法子做了個實驗，便貪別人之功為己功，拿去發表，當做自己的成果，這難道不是剽竊嗎？

沃拉斯頓是大名鼎鼎的科學家，而法拉第，這時還是一個區區小實驗員，也不跟人家打招呼，就擅自闖進人家研究多年的領域，這種行為不像竊賊又像什麼！

這些蠻不講理的指責使法拉第十分痛苦。這是有生以來第一次，他的榮譽、他的人格受到了懷疑和玷汙。

人言可畏，法拉第只好向別人求助，他痛苦地寫信給一位在學術界有很高地位的合作者求助，希望對方能給以幫助解釋。然而，那位合作者不願介入這場糾紛。

迫於無奈，法拉第只好直接給沃拉斯頓博士寫信。此時，沃拉斯頓已旅遊歸來。

法拉第表示，如果自己無意中做了有損沃拉斯頓博士的事，自己甘願向其道歉並作解釋。他希望沃拉斯頓能夠主持公道，幫他解脫那些懷疑。

法拉第還在信中請求和博士會面，陳述事情原委，哪怕只有幾分鐘時間也好。這是一個受到誤解和傷害的青年學者，向科學權威發出的求救訊號。

沃拉斯頓曾經多年擔任皇家學會祕書，性格非常直爽，態度和藹可親，而且富於幽默感。

據說當年沃拉斯頓發現新元素鈀時，並不急於公布結果，卻跑到倫敦一家首飾店裡，貼出告示說是出售新金屬樣品。

一位法國化學家把樣品買去，經過一番化驗分析，宣稱那不是什麼新金屬，只是一種鉑汞合金而已。

等法國同行鬧出笑話，沃拉斯頓才正式宣布自己的發現。這位科學前輩很有大家風度，對名利看得較淡，去年謝絕皇家學會會長提名便是明顯一例。

如今，學院內外鬧得沸沸揚揚，說法拉第剽竊了他的科學研究成果。對於這種傳言，沃拉斯頓並沒有怎麼放在心上。

法拉第貿然闖入自己多年研究的領域，並且不打招呼搶

先發表論文，固然有些失當，但誰也無法壟斷真理。

　　讀完法拉第的來信，沃拉斯頓回了一封簡訊，其中這樣寫道：「人家對你的行為有什麼品評，這事情和你有關，但是和我無關。」

　　「假如你有充分的理由，能夠說明你沒有不正當地使用人家的建議，那麼在我看來，為了這件事情傷腦筋，實在大可不必。」

　　「不過，如果你願意和我談談，那麼明天早晨有便的話，請在 10 時至 10 時 30 分之間來找我，我將恭候。」

　　第二天早晨，法拉第準時前往沃拉斯頓寓所。聽完法拉第的懇切陳述，博士寬容地笑起來了。法拉第的誠實、真摯和對科學的那種執著追求，給沃拉斯頓留下了深刻的印象。

　　「我接受你的解釋，年輕人！」沃拉斯頓向法拉第伸出了溫暖的巨手，說道：「至於別人愛怎麼說，就讓他們去說吧！」

　　法拉第握著博士的大手，感動異常。

　　「先生，您願意賞光觀看一下我的實驗嗎？」

　　「哦，你的實驗？我非常樂意。」沃拉斯頓欣然受邀。

　　他們一同來到學院的實驗室。沃拉斯頓親眼觀看了法拉第的實驗，太妙了，沃拉斯頓一面觀看，一面讚賞地點頭。把自轉改成公轉，用水銀把導線浮起，沒有靈活敏銳的思維

與高超的實驗技巧，是無法做到的。

　　沃拉斯頓心想年輕人的實驗天才，實已在他的老師戴維之上。沃拉斯頓面帶微笑，第二次向法拉第伸出巨手祝賀他的成功。剽竊公案，就此了結。

　　使法拉第遺憾的是，在這椿公案裡，法拉第的導師戴維自始至終保持沉默。一開始法拉第期望自己的導師能站出來說幾句公道話，以其皇家學會會長和導師的雙重身分，出面調解這場糾紛是最恰當不過的了，但是法拉第失望了。

　　使他感到困惑和痛苦的是，戴維對此事諱莫如深。他既沒有表明法拉第的成果是他自己獨立完成的，也沒有採取任何方式讓皇家學會會員了解，法拉第並沒有剽竊別人的研究成果。要做到這一點，對戴維來說是輕而易舉的事。

　　法拉第心目中的偶像出現了陰影。他感覺到師生之間第一次產生了隔膜。他是多麼地愛戴、敬仰戴維啊！可是當他不慎溺水時，自己最敬愛的導師卻轉過身去，這究竟是為何呢？

　　戴維和沃拉斯頓是兩種不同型別的學者。同是大師，沃拉斯頓恬淡、豁達、有長者之風；戴維卻是少年得志，名揚四海，背負著沉重的榮譽，對勝負輸贏十分看重。

　　即使是天才，要承認學生超越自己，對許多人來說這是一件較難辦的事。在自己失敗的領域裡，自己的學生、助手卻取得了成功，這個事實戴維更難接受。這是痛苦的事實，

也是導師的悲哀。

　　一場關於成果的風波終於平息了。然而這椿公案在法拉第心中投下的陰影卻並沒抹去。

創新實驗的成就

　　年輕的科學家法拉第心靈上留下一個創傷，他只好避開雷池，暫時中斷電磁實驗，回頭去進行化學研究。

　　法拉第關於電磁轉動的實驗成果，除了引起一場風波，給自己帶來一場麻煩外，沒有給法拉第帶來什麼好處。

　　法拉第仍舊是實驗室助理，整天忙於準備儀器，給戴維做助手。他幹得十分盡力盡職。此時，戴維的創造力已開始衰退，漸漸失去昔日科壇闖將的風采。

　　這位科壇巨星 44 歲登上皇家學會會長的寶座，他的一生已到達頂峰，從此以後，在學術上他再也沒有什麼重大發現。

　　望著戴維蒼白的面容和早生的華髮，一絲複雜的感覺在法拉第的心中掠過。不管戴維怎樣待他，他永遠對導師十分的尊敬和感激。

　　只要一有時間，法拉第就選擇自己喜歡的課題進行研究。當然，這些課題都是化學領域的。

　　法拉第做了許多實驗，改良鋼的品質，在鋼裡摻進不同比例的鉑、銀、鎳等貴金屬，研製優質的合金鋼。後來，法拉第還參加了精密儀器所需的光學玻璃的研製。這兩項工作都是屬於應用工程方面的，花費了法拉第不少時間和心

血。但他樂此不疲。

這個時期，皇家學院財政出現困難，不得不將工作重心移到工業應用研究上。法拉第必須為此效勞。遺憾的是，這些專案最終並沒有給皇家學院帶來什麼收益。

每一個科學家有其所長，也有其所短。一位英國傳記作家評價說：法拉第的天才，在應用科學方面，確實沒有充分發展。他的特長要到了知識的未知領域，也即光明和黑暗交界的地帶，才能充分表現出來！

換句話說，法拉第是一位實驗科學家，而不是技術發明家。他善於發現，而不是發明。

法拉第自己在接受任務時，也曾在筆記中寫道：「自己既然不是一個製造家，要完成這些製造，實在不敢打包票。」

由於職務上的壓力，法拉第在取得初步成功之後，不能繼續把電磁研究進行下去，這實在是無奈而又十分遺憾的事。那片神奇的處女地正是光明和黑暗交界的地帶啊！

法拉第氣惱的時候也曾經暗暗地下決心不再研究電磁問題。人家說他闖進前輩科學家的研究園是侵犯他人的權益，那他就退出好了。

自然之大，科學園地裡可以研究的問題多著呢！不過法拉第總忍不住要回過頭來，因為電磁學那片園地實在太美了。

就在 1821 年聖誕節，法拉第又做成了一個電磁轉動的實驗。這次他是讓通電導線在地球產生的磁場裡轉動。

一根導線，通上電流就轉了起來，把電池的正負極掉換一下，導線又反轉，不像 9 月 3 日的實驗有一根磁棒，現在導線的四周是空蕩蕩的。這個實驗太奇妙了！

「莎拉，你快來看啊！」法拉第又一次圍著實驗臺手舞足蹈起來。

「麥可，你真像個大孩子！」溫存的妻子笑著搖頭。

聖誕節過後，沃拉斯頓到皇家學院實驗室來看法拉第做實驗。博士一面看，一面滿意地點頭。

法拉第這小夥子，一眼看出通電導線不能自轉，馬上改做公轉實驗，他的眼光太銳利，頭腦太敏捷了。

他用水銀把通電導線浮起來，這辦法太巧妙了。現在他又用地球的磁場代替磁棒，這個想法太大膽了。

這年輕人有豐富的想像力，又有腳踏實地埋頭苦幹的精神，他哪裡是那種使手腕剽竊他人研究成果的宵小之輩！老博士拍拍法拉第的肩膀，表示向他祝賀。

不久，法拉第告別磁研究，轉向另外的領域。很快他在液化氯氣領域又作出了重大發現。

氯是一種淡綠色氣體，刺鼻，微溶於水，有漂白之功能。證明氯是一種化學元素，這是戴維的功勞。

1810 年 11 月 10 日，戴維在英國皇家學會發表這一研

究成果，曾經引起了極大轟動。

不過歷來的學者都認為，包括氯氣在內的許多氣體，都不能凝結成液體，他們把這些氣體稱為「永久氣體」。

法拉第並不贊成這一理論，他相信英國化學家道爾頓的原子論，認為任何氣體，只要降低溫度、增大壓力，就能使它原子之間的距離縮小，變成液體。這裡，最重要的是在何種條件下才能轉換。

法拉第接受了道爾頓的原子論。對於法拉第來說，接受一個理論就意味著用實驗來驗證它。

法拉第在一個裝著水銀的玻璃瓶裡吊了一片金箔，使金箔懸在空中，不和水銀接觸。

為了看得更清楚，法拉第把這瓶水銀放在一個暗房裡，過一段時間以後發現，原來黃澄澄的金箔，顏色變淡了。金箔上出現了一層極薄的銀色的薄膜，這層薄膜就是水銀。

瓶裡的水銀怎麼會跑到金箔上去的呢？只有一個可能：水銀像水一樣蒸發，變成了水銀蒸氣，然後凝聚在金箔上。既然金屬能變成氣體，為什麼氣體不能變成液體和固體呢？

趁著天氣還冷，法拉第拿他心愛的氯氣來做實驗，實驗得到了戴維的同意和支持。

法拉第把氯的水溶液結晶體，放在一個彎曲的大試管裡，用火焰把試管口燒熔封口。

然後，對盛著氯水晶體的下端加熱，試管的另一端浸在

冰水裡。過了一會兒，試管裡有縷縷黃綠色氣體升起。這表明，氯水受熱分解，氯氣分離了出來。

在這個時候，正好一位帕里斯教授在實驗室裡，觀看了法拉第的實驗。帕里斯是戴維的朋友，對法拉第一向友好。

倚在實驗桌旁看了一會兒，帕里斯教授突然說道：「法拉第先生，你看，你的試管不乾淨！」

法拉第愣了一下。在皇家學院，法拉第一向以整潔和有秩序而享有美譽。他所準備和演示的無數次實驗，從未出過什麼差錯。怎麼會試管不乾淨呢？

法拉第定睛細看試管，果然，管壁上端有幾個黃色油斑，赫然在目！這完全不可能！自己做了多年實驗室助理，可以說精通此道，已達爐火純青，絕不會用一個未清潔過的不乾淨試管進行實驗。

看到法拉第的窘態，帕里斯教授訕笑道：「早晨打瞌睡了吧！另換一支吧！」

「慢著。」法拉第思索了一下取出一把小鋼銼在試管有油斑的位置輕銼了幾下，「噗」的一聲，他把試管掰斷，一股刺鼻的氣味撲面而來。

使他奇怪的是，此時，剛才的油斑不見了，試管壁內乾乾淨淨。

「總不會剛才我眼花了吧？」教授也覺得奇怪。法拉第若有所思，沉默不語。

第二天，帕里斯教授收到法拉第的一張便條，上面寫著：

親愛的教授：

昨天你注意到的「油跡」原來就是液態的氯。

您忠實的僕人麥可·法拉第

1823 年 3 月 6 日

原來氯氣從受熱的固化物氯水晶體裡分離出來，在管內受到很大壓力，自己便液化凝結了。

戴維聽說這一訊息也十分的興奮，他向助手解釋說，高壓和低溫，是氯氣液化的兩個條件。法拉第的實驗創造了這兩個條件，因而取得了成功。

接著，戴維和法拉第一道，又成功地把氯化氫氣體液化成無色透明的液體。液化的氣體恢復成氣體時，會從周圍吸收大量熱量。後來人們正是根據這一原理發明瞭冰箱等製冷裝置。

這一年 3 月 13 日，法拉第在皇家學會宣讀了自己的實驗報告《論液態氯》，主持這次論文宣讀的是皇家學會會長戴維爵士。

31 歲的法拉第，經過自己的奮發努力，終於登上了英國皇家學會講壇。

在氯氣液化實驗完成以後，法拉第又開始進行了其他許多氣體的液化實驗。

做氣體液化實驗，要冒很大的危險，稍有不慎，即會有危險。然而法拉第從不畏懼。一次液化一種臨界溫度很低的氣體時，試管突然爆炸，有 13 塊玻璃飛進法拉第的眼睛。

幸運的是，法拉第的眼睛沒有被炸瞎。視力恢復後，他又投入了新的實驗。他先後成功地液化了二氧化硫、硫化氫、二氧化碳、氨氣、氧化亞氮等氣體。

成為皇家學會成員

由於法拉第在氯氣液化等方面的研究成績，皇家學會的朋友們提名他為皇家學會會員候選人。

對一個年輕學者來說，這是一個極高的榮譽。它標誌著英國科學界對法拉第的成績的承認和表彰。一個進入皇家學院剛滿 10 年的助理實驗員，能獲得如此殊榮是十分不容易的。

意味深長的是，聯名推薦法拉第的 29 位皇家學會會員中，第一個是沃拉斯頓，而沒有戴維。或許這只是一個小小的疏忽。也許是簽名者有意把戴維丟到一邊。

戴維得知這個訊息，禁不住大發雷霆。提名他的學生、助手法拉第為皇家學會會員，他這個皇家學會的會長竟然被矇在鼓裡！

29 名會員簽名，沒有一個人向他徵求意見，也沒有誰事先透露過一點兒訊息，戴維覺得受了欺騙，遭到輕慢。

戴維是法拉第的恩師、伯樂，這是眾所周知的事實。經他一手提攜，法拉第從一個普通的訂書學徒，成長為一名有為的青年科學家。

法拉第 10 年來取得的成就，戴維一直引以為傲。因為是他發現了法拉第，並且造就了他。然而現在，提名法拉第

為皇家學會會員，這樣重大的事卻把他戴維爵士撇在一邊，這成何體統！

戴維把皇家學會祕書叫來，滿臉怒氣地問道：「提名法拉第先生為皇家學會會員，是誰的主意？」

「是大夥兒的主意。」祕書遲疑了一下說。

實際上這件事是由沃拉斯頓發起的。這位科壇巨星，對法拉第十分的賞識，同時又為其目前的處境感到不平。

「大家的主意，為什麼事先不告訴我！」戴維表示懷疑，因為發怒而提高了嗓門。

祕書十分清楚戴維的脾性，他發現會長的惱怒不只是衝著提名者而來的，也許還有戴維和法拉第師生間的恩怨為背景。

「也許是大夥認為您是法拉第先生的導師，肯定會同意提名的。」他想大事化小。

戴維鼻腔內「哼」了一聲說：「我自己的學生我最了解！法拉第自然夠格進入皇家學會，不過不是現在，他還不夠成熟、穩重，還需要磨練一段時間，而且，應該由我提名！」

戴維的尊嚴、權威、面子，全在這話裡表達出來。他對法拉第的勤奮和才幹是十分了解的，他只是認為現在就讓法拉第進皇家學會早了點兒，還應該再磨練一下，而且最終應該由他，皇家學會會長來提名。

在戴維爵士眼中，法拉第永遠是那個捧著筆記本來求見

的裝訂工，永遠是一名助手。但他自己忘記了，他自己是24歲被選為皇家學會會員的。

戴維爵士決定阻止29名會員的行動。他先找到法拉第，要求他先取消自己的名字。「麥可・法拉第，我希望你這次撤回皇家學會會員的提名，下一次再進行考慮。」戴維說。

對法拉第來說，這個要求是不公而武斷的。他雙唇緊閉，沉默不語，胸中卻在進行著激烈的思想鬥爭。

從10年前跟隨戴維旅歐當差起，到剽竊公案，他忍受了一次又一次的屈辱，這一次他的忍耐達到了極限。

法拉第感到自己的人格受到侮辱，太陽穴裡的血管在擂鼓似的跳動。但他終於在最後關鍵時候克制住了自己的感情。

「請原諒，會長先生！我不能按照您的要求去辦，因為我並沒有提名自己當皇家學會會員。」法拉第冷冷地回答。

「那麼，請你轉告那些提名推薦你進皇家學會的人，讓他們收回自己的推薦！」戴維爵士怒衝衝地嚷道。

法拉第沉默著，這是無聲的反抗。空氣像鉛一樣沉重。戴維臉色變得鐵青，這個時候師生情誼經受著最嚴峻的考驗。

戴維沒有料到法拉第如此倔強，他壓低聲音，一字一句地說：

「那好，請你記住，我作為皇家學會會長，可以親自來撤銷你的候選人資格！」

說罷，戴維轉身走出去，房門在他身後「砰」的一聲關上。法拉第難過地垂下眼簾。

因戴維的阻撓，法拉第當選學會會員的事情拖延了半年時間。

1824 年 1 月 8 日，皇家學會正式投票表決，法拉第當選皇家學會會員，表決時只有一票反對。皇家學會選舉採取的是無記名投票。但大家心中明白，是何人投的反對票。

第一個發現法拉第的人，這次卻成了唯一的保守者，的確是一件憾事。好在法拉第一直對自己的恩師懷有感激之情，心胸又開闊，事後戴維也有歉意，因此兩人的師生之情並未因此而斷絕。

勇於面對挑戰

　　當法拉第成為皇家學會會員之後，便有更多的自由去選擇自己的研究領域，1824 年 12 月，他又重新開始了電磁實驗。

　　電磁之謎，猶如一個初戀的戀人使法拉第難以忘懷。三年前，那個成功的電磁轉動實驗，給他帶來過喜悅和困擾。

　　法拉第念念不忘三年前在日記裡寫的那個閃光設想：

　　把磁轉變為電！世界是一個和諧的統一體。

　　他相信電和磁就如銅幣上的圖案和字一樣，是一個事物的兩面，既然電流可以產生磁，那為什麼磁不能產生電呢？

　　為了實現這一偉大的目標，法拉第決定再次投入電磁研究。此時，從法國傳來安培一項實驗遇到困難的訊息，安培有很高的電學造詣和豐富的數學才能，他繼奧斯特之後發現了磁和電相互連繫。

　　在進一步的研究中，安培從靜電感應中得到啟發，作了一個有趣的推論，既然電荷能夠感應出靜止電荷，那麼運動電荷也一定能感應出運動電荷。

　　雖說這一假設從邏輯上說十分合理，然而他卻忽略了磁的作用，實驗沒有結果。他山之石，可以攻玉。法拉第從安培的失敗中得到某種啟發。

　　10 年前，法拉第在法國親眼目睹過安培精密的實驗，對安培的聰明智慧一直懷有敬意。

　　法拉第相信這位當年友好待他的法國電學大師的思想中，蘊藏著有價值的東西，只是還沒有被發掘出來。於是他決心繼續做這個實驗。

　　法拉第採用許多長短不同的導線分別進行實驗。他先把導線繞成一個環，使導線的兩端連著電流計，如此便形成一個閉合迴路。

　　然後，用一塊磁性很強的磁鐵移近迴路。電流計是由一根懸掛線上圈中的小磁針製成，如果有電流經過線圈，磁針便會擺動。

　　法拉第每做一次實驗，都把頭扭過去看電流計的指標是否動了。按他的設想，既然通電導線能夠產生磁場，磁鐵的磁場也應該在導線中產生電流。

　　然而，法拉第反覆實驗了很多次，電流計卻沒有一點反應。怪不得安培的實驗會擱淺，法拉第遇到了同樣的難題。他反覆思索，也沒有找到症結所在。

　　電磁之謎，像雲霧繚繞的高山神女，無論是偉岸的安培，還是痴情的法拉第，千喚萬呼她也不肯露出真容！迫於無奈，法拉第只好再次把電磁實驗擱下，轉入其他領域的研究。

　　當時英國的燃料和照明已經開始煤氣化。19 世紀 20 年

代所謂的煤氣，是用鯨魚或者鱈魚脂肪製成的。

煤氣壓縮到 30 個大氣壓，裝在鐵筒裡，送到各家使用者。壓縮煤氣公司發現，在煤氣壓縮裝筒的過程中，筒底上總有一些黏稠的液體凝聚起來。

1825 年 4 月，公司把這種液體的樣品送到皇家學院實驗室，請法拉第分析。

法拉第採用分餾的辦法，把這種液體漸漸加熱煮沸，在不同的溫度得到了不同成分的揮發物。

顯然，這種黏稠的液體是一種很複雜的混合物。當它加熱到攝氏 80 度的時候，揮發出來的氣體似乎比較單一。

從這種氣體凝聚而成的液體中，法拉第提煉出一種沒有顏色的透明液體，它在攝氏五六度凝結成美麗的白色晶體，在攝氏 80 度的時候沸騰。

這是一種新的物質。法拉第運用巧妙的實驗技術，測定了這種物質的化學組成和化學、物理性質。他給它起了個名字，叫「重碳化氫」。

「重碳化氫」在當時並沒有引起多少重視。九年以後，德國化學家米徹利希研究了「重碳化氫」的種種衍生物，並且建議把它叫做「苯」，這才引起了世界各國有機化學家的重視。

1856 年，18 歲的英國青年化學家柏琴發現苯胺染料，開始了苯在染料、香料、醫藥等各個工業部門中的廣

泛應用。

法拉第的不少發現和發明都是在許多年以後才得到應用的。就在他發現苯的那一年，法拉第參加皇家學會的一個委員會，開始從事光學玻璃的研究，這項工作持續了好多年。

1829 年，法拉第還在皇家學會的貝克講座上以《論光學玻璃的製造》為題做過講演。這是他的榮譽，因為只有最出色的研究成果才能在貝克講座上宣讀。

然而，法拉第研製出來的光學玻璃，真正的應用卻是在 1845 年他發現磁致旋光效應的時候。

對於合金鋼的研究也是這樣，法拉第花費了許多年工夫，一直收效不大。

然而在 1931 年慶祝法拉第發現電磁感應 100 週年的時候，一位著名的冶金學家在皇家學院實驗室裡檢視法拉第試製的各種合金鋼樣品，他驚訝地發現，有一種合金鋼，在那間潮溼的地下實驗室裡放了 100 多年，居然還沒怎麼生鏽。

經過分析證明，這種合金鋼裡含有大量的鉻，原來是一種不鏽鋼！一個重要的新發現就這樣在地下實驗室裡沉睡了一個多世紀。

專注於科學研究

法拉第在皇家學院實驗室裡埋頭苦幹，研究成果一項接著一項，這些戴維都看在眼裡。他知道自己錯了，自己不該阻撓法拉第進入皇家學會。

1825 年 2 月，33 歲的法拉第被任命為皇家學院實驗室主任，但是薪水沒有增加。這次是由戴維爵士提的名。這位英國科壇泰斗、法拉第的恩師，終於承認了學生的傑出才能和學術地位。

戴維推薦法拉第接替自己以前曾經擔任過的職務，既有「交棒」的意思，又是對曾經錯誤反對法拉第入皇家學會的一種致歉。

戴維感到應該向法拉第提供一切可以使他發揮專長的機會，以使他的才能得到充分發展，而皇家學院實驗室主任一職應該是最合適不過的了。

法拉第升任實驗室主任以後，他在研究中享有更大的自由。電磁實驗一直是他所鍾情的事業，此時，他便又回頭重新開始做電磁實驗，這是他第三次向電磁領域發起衝刺了。

法拉第確信，一定可以找到一種方法，使放在一根通電導線旁邊的另一根閉合導線產生電流。

這將意味著，通電導線周圍形成的磁場，使另一根閉

合導線中出現電流，這正是他念念不忘的夢想，由磁轉變為電。

一開始，法拉第將導線 B 放在導線 A 旁邊，兩根導線之間只有一線之隔。他將導線 B 之兩端連著電流計，導線 A 之兩端與伏打電堆的兩極相連。

可是當法拉第觀察電流計時，指標卻毫無反應。他一連試了幾次，結果仍是如此。也許是自己走入了惡性循環，怎麼老是重複著失敗呢？

法拉第想，如果把導線 A 和 B 都彎成線圈，讓它們盡可能靠近，會怎麼樣呢？兩根導線整個表面都貼得很近，也許作用會表現出來。

法拉第興奮地按照自己的設想去進行了準備。一切就緒，他懷著激動的心情開始實驗。

法拉第希望在初級線圈接通電流以後，次級線圈能夠感應出電流來，這也正是安培的理想。

可是，事與願違，法拉第接通初級線圈的電源以後，注意看電流器，指標仍絲毫沒有動靜。

原因何在？法拉第又把電源從一個增加到兩個，又增加到四個，最後又增加到十個，結果仍是一樣。

時間如流水一般，一個月一個月地過去了，法拉第在實驗室裡度過了不知多少個不眠之夜。他把實驗重複了多次，每次都在希望中開始，卻以失望而告終。

　　法拉第明顯消瘦了，疲憊不堪，兩眼中布滿了血絲。難道自己走進了死衚衕？法拉第陷入沉思之中，妻子、朋友勸他當機立斷，放棄這難以成功的實驗算了。

　　然而，法拉第是一個堅忍不拔的探索者，他一旦確定了方向，決不輕易承認失敗。

　　法拉第對妻子說：

　　如果實驗不成功，這只能表明我不善於處置它；就是實驗不可能成功，那也應當找出原因來。

　　法拉第對自己的理想充滿了信心，在崎嶇的道路上堅持不懈地進行著探索。轉眼之間幾個春秋過去了。

　　正當法拉第在電磁研究上處於谷底之時，皇家學院由於財政困難，把研究重心轉向營利的應用科學。

　　法拉第不得不把大部分精力投入到工業應用的研究上去，他的電磁實驗時常被迫中斷。

　　法拉第擔任學院的實驗室主任以後，更加盡心地為皇家學院辛勤工作。他邀請皇家學會會員來學院，討論交流世界各國科學家的新成就。這些學術活動，使越來越多的人倍感興趣，戴維的傳統又重新回到學院。

　　從 1826 年起，每週星期五晚上，在皇家學院的劇場為公眾定期舉行科學講座。這些高水準的講座使全世界刮目相看。

　　沉寂了多年的皇家學院大門，又恢復了昔日的盛況。很

多人買入場券來聽講座，還有的豪門鉅富慷慨解囊，捐款贊助。皇家學院逐漸從困境之中擺脫出來。

1826 年，為了讓法拉第有更充裕的時間進行研究工作，皇家學院免去了他的講演助理之職。如此，法拉第便結束了皇家學院 14 年的配角生涯。

皇家學院薪水菲薄，法拉第倒一點兒也不在乎。1827年，新成立的倫敦大學邀請他去任化學教授，他謝絕了。他的科學事業是在皇家學院開始的，他已經和它有了深厚的感情。

那間偌大的地下實驗室，那張粗笨的大實驗桌，他在它旁邊度過了多少緊張而又歡樂的日子。有多少回，他高興得跳起來，把那光禿禿的長條粗木地板蹬得「咯咯」響。

還有那間鋪著提花地毯的圖書閱覽室，三面牆壁全都是書架，書架碰到天花板，擺滿了圖書。

爬上梯子，抽下兩本，走到高大的視窗旁邊，站在陽光下開啟書來瀏覽，有多麼愉快。法拉第愛上了皇家學院，他決不拋棄它。

然而，法拉第也有不滿意的地方。這十幾年來，他一直忙忙碌碌，搞那些帶有商業性的技術工作。

合金鋼和光學玻璃那做不完的化學分析，他像機器一樣地操作、記錄、報告，弄得他身心疲憊。

雖說這些工作都有額外報酬，可是金錢又有什麼用呢？

他當初離開書籍裝訂業，並不是為了進入一個賺錢更多的新行業。他是為了獻身科學，追求真理。

除了主持實驗室工作，法拉第還為工業界、食品行業的部門做一些技術上的諮詢。

作為化學家，法拉第的名氣越來越大。有的企業送來新產品，請他做技術分析。

法拉第還以專家的身分，應邀去法庭，為涉及偽劣食品或假藥的案子做鑑定。法拉第把參加這些活動所得到的報酬大部分上繳給皇家學院了。

法拉第的婚姻十分美滿，妻子莎拉聰明、賢惠、善解人意，對丈夫的事業十分理解。

唯一遺憾的是法拉第夫妻膝下無子，他們便撫養了姪女小瑪格麗特。在過度的勞累之後，法拉第常常陪著莎拉散步休息。

法拉第夫婦還喜歡帶著小瑪格麗特去逛動物園。每當此時，法拉第孩子般的快樂天性便會表現無遺。

1826 年的聖誕節，法拉第特地在皇家學院為孩子們舉辦了一個科學講座，受到小孩子和家長們的熱烈歡迎。

這個少年科學講座後來一直延續下去，給皇家學院帶來巨大的聲譽，法拉第沒有忘記，當年就是戴維的科學講座，點燃了自己胸中的火焰。

此時的戴維因長年過度緊張的研究工作，加上學會的日

常事務而病魔纏身。這位英國科壇驕子，終於倒下了。

1827 年，戴維辭去了皇家學會會長職務，赴歐洲大陸養病，嬌媚的夫人沒有陪伴著他，她留在了英國。

戴維在歐洲大陸訪遍所有名醫，由於長年勞累，積重難返。陽光燦爛的義大利、山清水秀的瑞士治不了戴維的病。

經過兩年多的輾轉漂泊和病痛折磨，1829 年 5 月 29 日，戴維在瑞士日內瓦與世長辭，享年 50 歲。

臨死前戴維對身邊的親人說道：

我一生中最大的發現是法拉第！

戴維去世的訊息傳來，使法拉第悲痛異常，為自己恩師的英年早逝而深感遺憾。

在戴維去世前半年，沃拉斯頓也去世了。兩位電磁學權威相繼過世，似乎為法拉第重新進入電磁學領域掃清了障礙，因為再也不會有人攻擊他侵入別人的地盤，他也不必再避嫌了。

戴維這位英國科壇的巨星雖然過早地離開了人世，但是他未竟的事業卻由法拉第繼承下來，並將其發揚光大。

此時即 1829 年，38 歲的法拉第已經是一位著名的化學家，總計發表了 60 餘篇學術論文，其中大多為化學領域的。

1829 年，法拉第為集中全部精力進行自己所日思夜想的電磁研究，他正式向皇家學院提出申請，請求辭去行政職務。

八年來，法拉第始終沒有放棄「把磁轉變成電」的理想。同事們知道他在失敗中仍舊堅持自己的信念，都很欽佩。

不久，皇家學院批准了法拉第的請求。事實表明，這一決定十分明智，它成了法拉第科學事業的重要轉折。

作為一位聞名科壇的化學家，法拉第剛剛解脫皇家學院的重擔，卻又成為實業界爭奪的目標。

不少公司和企業，爭先恐後地用重金聘請法拉第，都想網羅這位化學界的新星去做他們的技術顧問。

1830 年，在朋友們的勸說下，法拉第接受了一些業務，得到 1000 鎊酬金。

這筆相當可觀的收入幾乎相當法拉第 10 年的薪水，對於改善生活自然有很大幫助，妻子莎拉再也不用為衣食和其他開銷發愁了。

據法拉第的學生和密友丁多爾猜想，如果照此幹下去，他每年的收入可以增加到 5000 鎊以上。

但是這些被法拉第稱之為「生意上的事物」，要耗去他很多精力和時間，影響他的研究工作。

法拉第感到為難起來，如同在青年時代一樣，他再次面臨生活道路的選擇：一條路是盈利致富，另一條路是沒有嫁妝的科學，何去何從，任他選擇。

如果只為個人利益計算，利用他那非凡的化學才能，可

能獲得豐厚的額外報酬。可是放棄了一生追求的理想，金錢又有什麼用呢？

法拉第當初寧願離開收入穩定豐厚的訂書業，當一個每週只有 25 先令報酬的小實驗員，為的是什麼呢？用他自己的話，是為了從事「科學的探索」。

法拉第很快作出了選擇。他謝絕了來自四面八方的聘請，全力投入自己的研究工作。

這樣做儘管生活要清貧些，但溫存的妻子卻毫無怨言。法拉第很受感動，還有什麼比能夠理解自己的事業更寶貴的呢！

十年磨一劍

　　對於電磁轉化的實驗，法拉第一直在做，可是失敗一個接一個，挫折與失望不斷襲擊著他。每次實驗前希望獲得成功的願望，都在無情的實驗結果面前破滅了。

　　法拉第承受著失敗帶來的苦痛，繼續堅持實驗，每次都進行仔細觀察，不斷總結失敗的教訓及其原因。

　　1831 年，法拉第 41 歲了。他覺得自己的工作應該有一個轉折。是到了轉折的年齡，就該抓緊時間，做一些真正偉大的哲學探索。

　　法拉第的腦海裡有許多新的思想在萌生、在洶湧。比起這些偉大的新思想，他過去 20 年的工作又算得了什麼呢？

　　可惜，過去他的許多時間都被那些煩瑣的商業性的技術工作吞噬了，他決定結束這類工作。7 月 4 日，他寫信給皇家學會祕書，提出了這一要求。

　　為了實現自己的夢想，法拉第開始夜以繼日地在實驗室緊張地工作，他的電學實驗進入了最關鍵的階段。

　　法拉第用軟鐵做了一個圓環，厚度不到 0.025 米，外徑 0.152 米。他在鐵環的半邊即 A 段用了根長約 7.243 米的銅線繞成 3 個線圈，每個線圈都有好幾層，每層之間用絕緣的麻布隔開。

　　如此，三個線圈可以連成一個大線圈，同時也可以相互分開當做三個小線圈用。

　　然後，法拉第將鐵環的另外半邊即 B 段用兩根銅線繞成兩個線圈，總長 18.108 米。在 A 段線圈和 B 段線圈之間，留了一定空隙，這樣便互不接觸。

　　法拉第把 10 組電池連在一起作為電源。然後，把 B 段的兩個線圈連成一個線圈，再用一根銅線把這兩個線圈的兩端連線起來，銅線下面擺著一個磁針，實際是一個電流計。

　　銅線中若有電流流過，磁針就會偏轉。接著，他把 A 段一個線圈的兩端和電池組連線。

　　一切準備妥當，法拉第便集中注意力開始操作。他小心謹慎地合上 A 段的電閘，強大的電流透過線圈，一會兒導線就發熱了。法拉第掉轉頭注視著 B 段銅線下面的電流計。磁針一動不動，毫無反應。

　　隨後，法拉第換了一個 A 段的線圈，重複剛才的實驗。結果仍是如此。後來，他把 A 段的三個相互絕緣的線圈，並聯成一個線圈進行實驗，如此作用可能會顯著一些。

　　法拉第惴惴不安地合上電閘，掉過頭注視著電流計，指標彷彿固定著一般，仍紋絲不動。

　　一種失望的情緒湧上心頭，一個有信念的科學家是不怕失敗的。然而事情卻如此的無情。嘔心瀝血 10 年，竟然毫無結果。

　　這是什麼原因呢？法拉第望著笨重的實驗臺上散布的線圈，電池組，檢測電流的磁針，就如一個作家看著自己不能出版的作品一般，又心疼又惋惜。

　　在失望之餘，法拉第仍抱著一絲信念慎重地進行了最後一次的考慮。他仔細地複查了全部實驗記錄，對設計思路和實驗方法也都作了反省，並且逐件檢查了實驗器具，連最細微的地方都不放過。

　　在檢查電流計位置時，法拉第無意中注意到，他每次實驗都是先接通電源，再轉過頭來觀測電流計。

　　問題會不會就出在這裡呢？想到這裡他立即把實驗臺重新布置好，決定進行一次徹底的檢驗。這次法拉第特地把線圈鐵環和電流計擺在電池開關旁邊，以便操作的時候能一直看到指標。

　　法拉第目不轉睛地盯著電流計，然後用手合上電源開關。就線上路接通的一剎那，電流計小磁針跳動了一下！

　　這個時間十分短暫，稍不留意就會錯過。法拉第過去的多次實驗都忽略了這個細節，這次終於捉住了稍縱即逝的「一剎那」。

　　「啊，電流！」法拉第欣喜若狂，不由得喊了起來。為了驗證自己的新發現，他又把實驗連續地做了幾次，每一次都得到同樣的結果。

　　因而法拉第相信勝利在望。他在自己的實驗日記裡寫下

了這個難忘的日子：1831 年 8 月 29 日。

法拉第為自己的新發現十分興奮，然而他沒有因之而陶醉。1831 年 9 月 23 日，法拉第寫信給市哲學會裡的老朋友菲利浦斯，其中這樣寫道：

我正再度忙於研究電磁學。我想，我撈到了一樣好東西，可是沒有把握。或許我花費了那麼多勞動，撈到的不是一條魚，而是一團水草。

法拉第這樣寫，也許是謙虛、詼諧吧。其實，他正在尋找磁生電的途徑。他知道，自己撈到了一條大魚。那是一項傑出的實驗，也許是 19 世紀最傑出、最偉大的實驗之一！

法拉第有一種預感：自己已經走到真理的邊緣，只要再向前跨一步，成功就屬於自己的了。

為了獲得最終的結果，法拉第繼續進行實驗。他斷開 B 段電池的接線，將一塊磁鐵放在鐵環旁邊，希望能在 A 段感應出電流來，可是磁鐵並沒有使電流計指標移動。

法拉第把鐵環換成其他金屬做成的環，並且想盡辦法變換了許多種接線方法，電流計的指標仍絲毫未動。磁鐵沒有產生出電流來。

接著，法拉第再一次進行 8 月 29 日所做的實驗。他發現，如果改變 B 段線圈和 A 段線圈的位置，或者是改變 B 段線圈裡電流的大小，電流的指標都會擺動，也即是說 A 段線圈中有感應電流發生！

　　直到此時，法拉第豁然醒悟，一定是 B 段線圈裡電流產生的磁的變化，使 A 段線圈感應出電流的。

　　為了證實自己的判斷，10 月 17 日，法拉第用硬紙做了一個空心圓筒，用銅線在紙筒上分層繞了八個線圈。然後他又將八個線圈並聯成一個線圈，線圈的兩個端點接在電流計的兩極上。

　　當法拉第把一根磁棒插在硬紙管裡之時，電流計上的指標仍無反應。他心中納悶，是什麼原因呢？也許是插得太慢了吧？

　　法拉第屏住氣，猛地將磁棒向紙管裡一插，果然，電流計上的指標動了！法拉第心頭一震，這一動，表明了電流的產生。終於把磁轉變成了電，自己十年來所魂牽夢縈的不就是這一瞬間嗎！

　　短暫的一瞬間，指標又恢復到原位。當他突然將磁棒從圓筒內抽出來時，指標又向相反的方向跳動，隨之又返回原位。

　　法拉第又把磁棒轉過來，朝裡猛插，向外猛拔，再插、再拔……電流表的指標來回擺動，法拉第的心也跟著劇烈跳動起來。

　　以後的多次實驗也顯示了同樣的結果，轉磁為電的想法終於成為事實。

　　但法拉第並沒有因此而停步不前，他在思考一個問題：

為什麼自己多年來反覆千百次的實驗都沒能成功，唯獨這樣做才獲得成功了呢？他想尋找到規律性的東西。

經過仔細的回憶與思索，再加上實驗的驗證，法拉第終於意識到成功的關鍵所在，運動才能產生電流。

謎底終於被法拉第揭開了，原來是線圈裡的磁通量的變化引起了感應電流。換句話說，正是運動的磁產生了電流。

在以前的實驗中，磁鐵相對於導線和線圈是沒有運動的，所有實驗均是在靜止的前提下進行的。而透過現在的實驗發現，只有當磁鐵插入線圈或從線圈抽出的一瞬間，才能產生電流。

法拉第把這種電流稱為感生電流，也就是由感應而產生的電流，而把產生感生電流的電動勢叫做感生電動勢。

接著法拉第又發現，不論是將磁鐵插入靜置的線圈內，還是將線圈套到靜置的磁鐵上，只要兩者之中有一個以一定的方式進行運動，就會有感生電流產生。因此，他得出「要將磁轉化為電，運動是必要條件」的結論。

但為什麼運動是產生感生電流的必要條件呢？感生電動勢與感生電流的大小以及方向，是否與運動方式有關呢？這又是法拉第思考的新問題。

在科學上往往是這樣，實驗的成功與新現象的發現和新規律的總結，常常引出更多的疑問，從而促進科學技術的進步。

在經過了多次緊張的實驗與反覆的研究之後，法拉第得出了「金屬導線必須切割磁力線才能產生感生電流」這一規律性的結論。

在實驗過程中，法拉第還發現，導線切割磁力線的速度越快，導線中產生的感生電動勢也就越大。切割磁力線的方向不同，產生的感生電動勢方向或感生電流方向也不同。

法拉第將以上的結果與發現總結成定律，這就是著名的「電磁感應定律」。

這一定律不僅揭示了電流與磁力之間的相互作用規律，更為重要的是定律表明了：只要能持續不斷地使線圈在磁場中做切割磁力線的運動，就能夠產生出源源不斷的電能來。

這是一項多麼重大的發現啊！以後的世介面貌，在相當程度上將因這個定律的出現而大為改觀。

也就是說，法拉第的這一傑出發現，預示著電能被人類所用有了可能；而人類文明發展的步伐，也將由此定律的創立而大大加快。

電磁感應定律是時代的產物。它是從 18 世紀中後期至 19 世紀 30 年代這一歷史時期內的各種電學現象與規律不斷被發現的必然產物。特定的歷史時期就需要有特定的歷史人物。

法拉第勤於思考、精於觀察，對科學工作有著源源不斷的熱情，在失敗面前毫不氣餒，能夠重整旗鼓，再次向

前。他所具有的這些特點，正迎合了那個時代科學發展的迫切需要。

在 10 年裡，法拉第經歷了無數次失敗，但正是這一次次的失敗，為他奠定了不斷接近成功的基礎。

法拉第把每次的失敗都當做磚，用它築梯。隨著失敗的增加，梯子的高度也增高，他也就站得更高，最後終於登上了別人難於登上的頂峰。

電磁感應定律的創立，使法拉第蜚聲國內外。後人為了紀念他的這一功績，把電磁感應定律命名為「法拉第定律」。

此刻，他已完全忘記近 10 年來無數次失敗帶給他的失望與痛苦，他的身心深深地沉浸在成功的巨大喜悅之中。他像一個孩子似的在實驗室裡狂蹦亂跳起來。

法拉第嘔心瀝血 10 年的理想終於成了現實！這便是著名的電磁感應現象。它繼奧斯特等人的實驗之後，進一步揭示了電和磁相互轉化的辯證關係，為近代電磁學的發展奠定了基礎。

經過百折不撓的努力，法拉第終於成功了，他以自己頑強的毅力和過人的智慧，在世界電子科技史上寫下了輝煌的一頁。

不斷前進

　　我不能說我不珍惜榮譽，並且我承認它很有價值，不過我卻從來不為追求這些榮譽而工作。—— 法拉第

持續實驗的熱情

　　法拉第終於結束了這場持續 10 年的電磁戰，按說，他應該休息一下了。然而，他並沒有止步不前。

　　因為只有當磁棒線上圈中做往復運動的時候，才有電流感應出來。磁棒的運動一停止，電流也就隨著消失，他沒有能像伏特那樣製造出穩定的電源來，他想能夠用磁電感應的原理製造出永久性的穩定電源。

　　法拉第在 1831 年 10 月 17 日實驗結果的基礎上繼續努力。他讓磁棒插線上圈裡固定不動，讓線圈相對於磁棒上下運動，結果同樣能夠感應出「磁電」來。

　　這說明，關鍵就在磁鐵和線圈之間必須有相對運動，至於哪一個靜止，哪一個運動，那倒沒有關係。

　　然而，磁鐵和線圈之間相對運動是往復的，這樣所感應出來的電流也必定是往復的。要產生穩定的單向電流，磁鐵和線圈之間的相對運動必須是單向的。

　　可是磁鐵和線圈之間如果做單方向的相對運動，它們的距離就會越來越大，這當然是不行的。他想起法國物理學家阿拉哥的圓盤實驗，決定用一個圓銅片來代替線圈。

　　線圈是導體，銅片也是導體；線圈中能夠感應出電流，銅片中當然也應該能夠感應出電流。

　　法拉第做了一個圓銅片，裝上軸，讓它夾在馬蹄形磁鐵的兩個磁極中間旋轉。

　　如果把圓銅片的軸當做導線的一個端點，把圓銅片的邊緣當做導線的另一個端點，那麼這根導線就將在南北磁極之間做單方向的運動，它將能感應出單方向的電流來。

　　法拉第做了實驗，但是沒有成功。線圈是由很多圈導線繞成的，圓盤只相當於一圈，當然比較難感應出電流來。

　　不過有一個辦法：可以用強大的磁鐵來彌補圈數的不足。皇家學會有一塊特別大的馬蹄形磁鐵，但是很不巧，它被皇家軍事學院的克裡斯蒂教授借去了。

　　法拉第在兩年前被聘為皇家軍事學院的化學講師，每年要去講 20 次課，和那裡的人很熟。

　　10 月 28 日一早，法拉第就上皇家軍事學院去了。他在那裡做了許多實驗，那塊碩大無比的馬蹄形磁鐵極好了。

　　法拉第的實驗日記裡是這樣記的：圓銅片的軸和邊緣用一隻電流計連線起來。圓銅片旋轉的時候，電流計的指標發生偏轉。效果非常清楚和恆定。

　　法拉第在「恆定」兩個字上打了加重號，因為重要的正是產生恆定的電流。「磁電」和伏打電堆的電流一樣穩定，不就可以把笨重的伏打電堆取代了嗎？世界上的第一個「發電機」就這樣誕生了。

　　只用兩個月的時間，法拉第就完成了兩類電磁感應實

驗。「伏特電感應」孕育了變壓器的誕生,「磁電感應」預告了發電機的出現。

有了發電機和變壓器,電就能夠大規模地生產,並且輸送到遙遠的地方。電將從科學家的實驗室走向工廠、礦山、農村,走進每一個家庭。

法拉第在 1831 年發現了電磁感應,因此有人把這一年稱做電氣時代紀元一年。

但是電真正登上人類的生產和生活舞臺,卻是許多年以後的事情。那是因為工業和技術上的條件還沒有成熟,也是因為蒸汽機、火車、輪船剛出現不久,英國正在進行工業革命,目標是用蒸汽力量代替人的力量。

就在這一年的除夕,法拉第滿面春風地向他的親朋好友當場表演了這個新發明。

所有在場的親朋好友都為法拉第的精彩表演而讚不絕口,連聲叫好。此時,只有一位好挑剔的貴婦人不以為然,她取笑地問法拉第道:

「先生,你發明的這玩意兒有什麼用呢?」

聽了貴婦人略帶譏笑的發問,法拉第神態自若地把手放在胸前,略一欠身,答道:「夫人,新生的嬰兒又有什麼用呢?」

法拉第的精彩回答使人群中立時爆發出一陣喝采聲。

法拉第發明的這臺小發電機在我們今天的人看來,的確

像一個十分簡單的玩具，實際上法拉第也沒有把其付諸實用，然而它卻是我們今天各種發電機的雛形。

法拉第的這一發明在近代科學史上產生了十分深遠的影響，從此，人類便開啟了電能寶庫的大門。

電磁感應是近代物理學上的一項重大發現，也是法拉第科學事業上的一座高峰。一旦他越過這一高峰，便向電磁學的縱深挺進，長驅直入，取得一個又一個輝煌的戰果。

不斷創新的科學成就

發現電磁感應定律後，法拉第又對電現象進行了大量廣泛而深入的研究。他有一個堅定的信念，大自然是統一的、和諧的。

大自然中萬物紛呈，變化無窮。電，能生光、生熱、生磁，引起各種化學反應；反過來化學作用也能產生電，磁也能產生電。

法拉第以為，所謂的電、光、熱、磁，以及化學親和力、萬有吸引力，這些無所不在、千變萬化的力，實質上是源於大自然的同一的力。它們只不過是名稱不同、表現形式各異罷了。

根據這個認識，法拉第開始研究電的統一性。到那時候為止，除了雷電之外，已經發現的有五種不同來源的電，摩擦電、伏特電、熱電、動物電和磁感應電。

這五種電有相同的地方，也有不相同的地方。有人認為它們是同一種東西，有人則認為不是。眾說紛紜，莫衷一是。

法拉第對這五種電進行了全面的考察，他將電的效應歸納為靜電的與電流的兩大類，電流的效應又分為發熱、磁、化學分解、生理效應、電火花五種。

　　法拉第根據自己的實驗結果，證明了前三種電有靜電與電流的全部效應，動物電顯示了生理、磁、化學等三種效應，熱電只顯示生理效應和磁效應。

　　法拉第把這幾種電間的差別歸因於「電量」和「強度」的不同，而不是本質的不同。

　　於是，法拉第得出了結論：「不論電的來源如何，它們的本性都是相同的。」法拉第用電的同一性，為他的信念「自然是統一的」提供了有力的論據。

　　電的同一性研究直接導致法拉第發現了電解定律。19世紀初，人類對電的研究還很粗淺，對於物質結構與電的關係，更是茫然無知。

　　電是什麼？物質是什麼？電、物質結構與化學變化之間又有何關係？對於這些問題，各國科學家爭論不休。

　　有人認為，電就是一種微粒，構成了物質；有人認為，電是物質微粒的一種振動，就像熱那樣；有人則提出：電是流體。

　　德國科學家格羅圖斯提出一種假說，認為產生伏特電的伏打電堆實際上是塊電磁鐵。

　　戴維則主張，電是與分子不可分離的一部分。安培提出有分子電流存在，並用分子電流來解釋磁鐵的磁性，但認為分子電流的電量是「組成分子的原子分解以後的產物」。

　　德拉里弗卻又主張：電和物質是兩種不同的東西，是可

以各自獨立存在的。

電、分子、化學變化的內部機制，這些都是微觀現象，是無法直接觀察到的，要從人們能夠觀察的宏觀現象去推斷微觀的結構，是相當困難的事，難免會出現種種混亂與錯誤。

1832 年，法拉第開始從事電化學研究的時候，面臨的正是這樣的各種理論糾纏在一起、難以分辨真理與謬誤的局面。

針對這種情況，法拉第首先了解各種意見，進行鑑別比較。對每家的理論學說，分別實驗，檢驗其正確與否和實用價值。

對於自己的種種設想，法拉第也是用實驗來驗證。

在走過了許多的彎路、碰了一次又一次的釘子後，法拉第最後終於找到了研究電化學規律的辦法，就是秤量出電極上析出的物質重量，把它與流過電極的電量進行比較。

於是，法拉第試圖發明一種能夠測量「電」量的大小的儀器，以確定各種電之間量的關係。但用什麼方法來製造這樣一種儀器呢？

才思敏捷的法拉第想到了電解方法。電解現象早已發現了，並已被科學家們用來獲取或提煉某些化學元素。

法拉第想，電解時分離出來的物質的量一定是與通電量的多少有關，比如水電解時產生了氫和氧兩種氣體，那麼能

否根據電解時從電極上逸出的氣體量的多少，來計算出透過水的電量呢？

想到這些，法拉第又進行了大量的實驗。經過大量實驗證實了他的想法：電解時分離出來的物質數量與通電量兩者之間存在著嚴格的量的關係。

於是，電量計創製出來了。同時，一個遠比電量計更為重要的規律也隨之問世了，這就是著名的「法拉第電解定律」。

電解定律是法拉第在研究與發明電量計過程中的意外收穫，也可以說是電量計的副產品，但其重要性卻是電量計的千百倍。

這如同一個進行潛水鍛鍊的愛好者，在進行鍛鍊，達到了強健體魄目的的同時，在水中發現了古代裝滿貴重物品的沉船。

生物進化論奠基者達爾文說過：「科學就是整理事實，以便從中得出普遍的規律或結論。」法拉第電解定律的創立過程，非常清楚地印證了達爾文的這句名言。

電解定律完全是從大量的實驗與浩如煙海的實驗數據中發現的，是透過實驗數據的彙集、分析、整理和總結得出的規律。

法拉第之所以能夠發現這個規律，除了他的堅韌毅力與極為細緻、負責的工作態度外，還緣於他的敏銳觀察能力和

他對電學與化學兩門學科兼通的本領。

　　而法拉第在青少年時期，在利博的書店，透過刻苦自學所打下的堅實的實驗能力與電學、化學知識的基礎，無疑也是一個重要的成功因素。

　　電解定律找出了電解的時候物理現象和化學現象定量的連繫，成為化學的基本定律。電化學的開創人是戴維，法拉第卻把它向前推進了一大步，將老師的學說發揚光大了。

　　法拉第在電化學學科中取得了如此大的成績，被公認為電化學的先驅。兩條電解定律是電化學的基礎，直到今天仍在電解與電鍍工業上廣泛應用。

　　另外，法拉第電解定律還有更深一層的意義：它的光芒照亮了半世紀後電子論的發展道路，為發現原子的內部結構奠定了初步的理論基礎。

　　此外，法拉第對電介質和導體進行了深入的研究。透過大量細緻的實驗，他認為當時電學中所使用的舊名稱十分混亂，不但辭不達意，而且常有謬誤。

　　法拉第認為隨著新的電學理論的出現，對舊的名稱來一次更換清理十分有必要。

　　於是，法拉第斷然地廢除了一些過時的舊名稱，更換了新名。如電極、陽極、陰極、電解質、電解、離子等，就是他首創的，直到今天，人們仍在使用。

　　法拉第不知疲倦地探索著。1836 年，他又發現了靜電

封鎖現象。他把一個金屬同籠子放在絕緣板上，在籠子的裡面和外面各放一個金箔驗電器，同時，用金屬鏈分別把驗電器的金屬球和籠子連線起來。

當金屬同籠子帶電的時候，籠外驗電器的金箔便會張大，籠裡驗電器的金箔依舊下垂，絲毫沒有帶電的現象。

它表明電荷只分布在導體的表面，金屬同籠子能夠對內部物體造成電的封鎖作用，這便是靜電封鎖現象。

由此法拉第確信，如果有金屬網的封鎖作用，即使人站在閃電中，也不會被擊傷。

此時法拉第想起了富蘭克林的風箏實驗。富蘭克林冒著生命危險，從空中攫取了閃電。勇氣固然可嘉，但卻十分冒險。他決定做一個同樣驚心動魄的實驗，然而卻十分安全。

1836 年 1 月，法拉第表演了一次令觀眾們大驚失色的實驗。他建造了一個巨大的金屬框架，長、寬、高各為 3.622 米，之後他用一層銅網把金屬框架罩住，同時把一部巨大的發電機同銅網相接。

這部發電機能產生很高的電壓，足以把人擊斃。他安然地走進框架，站於金屬網的中央，然後吩咐助手準備實驗。

發電機開動了，只見伴著「噼噼啪啪」的巨響，電火花在銅網上飛濺。法拉第泰然自若地站在網中央，面帶平靜的微笑。

由於「閃電」只是發生在銅網的外面，法拉第安然無

恙，連一根毫毛都沒受到損傷。他用自己的身體，富有戲劇性地證明了靜電封鎖的真理。

同時，法拉第還發現了儲存電荷的方法。他發現，如果正負電荷之間隔一層絕緣體，比如玻璃或者空氣，一個導體上的電荷就不會跳到另一個導體上去。

除非連線兩個導體，讓電荷釋放出來，否則電荷將儲存在兩個導體上，它們之間不會發生什麼關係。

依據這個原理，法拉第製成了儲存電荷的電容器。人們為了紀念法拉第的發現，後世用他的名字來命名電容的單位，簡稱「法拉」。

經過幾年的潛心研究與實驗，可以說法拉第的研究已碩果纍纍。

直到今天，法拉第的理論仍然在中學物理課本的電學內容中占據著重要位置。法拉第的名字已是人人皆知，家喻戶曉。

拒絕貴族稱號

　　法拉第的傑出貢獻，使他成了舉世矚目的大科學家，人們從四面八方向英國皇家學會投來尊敬的目光。

　　榮譽和鮮花紛至沓來，牛津大學授予他名譽博士學位，皇家學會向他授予柯普萊獎，法國科學院邀請他去講學。

　　但是並不是所有的人都知道，法拉第的輝煌成就是在十分艱苦的條件下取得的。

　　由於皇家學院的財政一直比較窘迫，法拉第的薪水，除了住房和燃料外，長期以來每年只有 100 鎊，而且有時還不能如數支付。

　　1831 年，皇家學院還就法拉第的薪水問題作出了一項決議。決議的內容是這樣的：

　　「法拉第先生的薪水年薪 100 鎊，外加供應住房、煤和蠟燭是不能削減的；由於法拉第先生完成了多種多樣的任務，而且在完成任務的過程中展現出來的熱情和才幹，法拉第先生應該加薪。然而皇家學院的經濟情況不佳，本委員會的建議難以實現，只能表示遺憾。」

　　直到 1833 年，一位名叫富勒的國會議員捐贈一個新的化學講座，法拉第才在皇家學院獲得教授的頭銜，年薪也增加到 200 鎊，那時他已經 43 歲，在皇家學院整整服務了 20

年，而且已經劃時代地發現電磁感應。

對於清貧的生活，法拉第倒是處之泰然。有一段趣聞，也足以表明法拉第的高尚人格。

1835 年，英國政府為了提高科學家的待遇，內閣首相羅伯特·皮爾爵士建議設立一種年金，獎給那些在科學或文學上有卓越貢獻的人，而在這以前只有政治家、軍事將領才有資格得到。

在新設的年金中，有一項是計劃授予法拉第的。首相皮爾對法拉第的卓越貢獻特別欣賞，他曾說：「我相信，在活著的學者當中，沒有一位比法拉第先生更有資格得到政府的關照。」

當法拉第獲悉這一訊息後，立即寫信給首相，表示自己可以自食其力，堅決拒絕這份年金。

法拉第在寄出這封信之前被朋友們制止了，都覺得有些失禮，而且他的生活境況的確很窘迫。朋友們都勸法拉第改變主意，但是他執意不肯。在他最後作出決定之前，由於保守黨內閣倒臺，皮爾首相離職，由另一位名叫梅爾本的勛爵繼任首相。

一天，新首相親自到皇家學院視察，邀請法拉第在辦公室面談。在大家勸說下，法拉第才勉強應約前往。

這位勛爵是自由黨人，可能對法拉第的性格不十分了解，而且官做大了，說話也毫無顧忌，言談中流露出對科學

技術人員的輕視。

新首相認為年金對文臣武將來說是受之無愧的，對科學家或者作家來說，那只不過是政府對他們的一種恩賜罷了。

法拉第聽到這話，感到是對科學的一種侮辱。本來他就不情願和首相會面，人家硬叫他來，結果卻是來受辱。他立刻結束談話，告別回家，使得這位首相大人一時摸不到頭腦。

當天晚上，梅爾本勛爵收到法拉第一張便條，措辭簡短而堅決，大意是「既然這樣，恕難接受恩惠」。

勛爵讀完便條，才知道自己白天把法拉第給激怒了。他一開始還覺得有些好笑，等事情傳開以後，才感到問題嚴重。

這時，一位同雙方相識的貴夫人，看到首相大人下不了臺，於是出面調解。她對法拉第做了幾次游說，婉言勸他收下年金，然而法拉第態度堅決，執意不收。

調解人費盡口舌也無濟於事，最後只好問法拉第，到底要梅爾本勛爵如何做，才能使他滿意。

法拉第回答說：「除非他向我作書面的道歉，不過，這一點我既沒有權力也沒有理由要求他做到。」

第二天，首相親自派人把自己的道歉書送到了法拉第之手。信的措辭坦率而誠懇，如此「年金事件」才算圓滿解決。

聖誕節前夕，政府宣布授予法拉第一項特別年金，每年

300 鎊，以表彰他對英國科學事業的特殊貢獻。

這一年的聖誕節充滿著狂歡的氣息。聖誕節過後不久，倫敦一家時報登出法拉第的照片，標題用的是醒目的黑體字：名師高徒，後來居上 —— 麥可・法拉第教授即將被授予爵士稱號！

文章還對「未來的貴族法拉第爵士」作了一番繪聲繪色的描寫，說他喜歡喝香檳，愛唱鄉村歌曲，繪畫天才超過他的物理才能等。

法拉第看到報紙，只是一笑了之。他的朋友們紛紛跑來詢問訊息是否確實，並向他祝賀。法拉第仍報以淡淡一笑。

「沒有那回事！再說，我為什麼要當爵士呢？」他說道。

但是傳聞很快得到證實。從宮中傳出訊息，皇室確實打算要授予爵士稱號給予法拉第。

按照英國皇室的傳統，授予傑出人物以貴族稱號，遠自牛頓，近至戴維都曾獲得此項殊榮。憑法拉第的卓越貢獻和聲望，他是受之無愧的。但是當內閣幾次派人來說明此意時，法拉第都謝絕了。他答覆說：

我以生為平民而感到光榮，並不想變成貴族。

這是法拉第與其恩師戴維最大的不同，戴維以受封爵士而感到光榮，並且喜歡到處用爵士銜簽名，法拉第卻拒絕了貴族稱號。他永遠是一個來自人民又造福人民的平民科學家！

全心投入實驗

　　歲月如梭，在不斷的探索和發現中，又一個 10 年過去了。這 10 年間，法拉第的電學實驗研究成就輝煌。

　　法拉第的成就，已經超過了同時代許多著名的科學家，包括他的導師戴維和法國的安培。因此，有人把法拉第稱為「先知先覺」，甚至說他「可以聞出真理來」。

　　法拉第聽到這些過譽之詞，只不過搖頭一笑。凡是他的同事和最親近的人都知道，法拉第的每一項發現後面，凝結了他多少心血，耗費了他多少艱苦的勞動啊！

　　法拉第工作起來有一種決不後退的勁頭，有時近於瘋狂。特別是在做實驗的時候，法拉第可以忘掉一切。

　　只要站在實驗桌旁，法拉第就像射手站在靶場上一樣興奮不已，永遠不知道疲倦。而且每一次實驗，他都要做詳盡的記錄。那一本本厚重的實驗日記，為後世留下了寶貴的科學財富。

　　法拉第不愛金錢，對時間卻十分珍惜。在他看來，世界上一切財富中，最寶貴的財富就是時間。

　　為了專心於實驗研究，法拉第謝絕了幾乎一切社交活動。凡是與實驗無關的事，諸如什麼皇家酒宴、名人採訪、剪綵等，他一概推辭，婉言謝絕。

　　法拉第去劇場的次數也明顯減少了，朋友間的應酬，也減少到最低限度，他把每一分鐘都用在了工作上。

　　法拉第這種不知疲倦的拚命精神，常常使他夫人擔憂。雖然作為鐵匠的兒子，他有著相當良好的體質，但是長期在陰溼的地下實驗室緊張地工作，由於操勞過度，法拉第患了風溼病和嚴重的神經衰弱症，腰背痠痛，頭發暈，終於病倒了。

　　1841 年夏天，在醫生的一再敦促下，法拉第在夫人莎拉的陪同下離開英國到瑞士休養。

　　法拉第的內弟喬治夫婦也陪同前往，喬治這時已成為一名頗有才華的畫家，20 年前他曾親眼觀看過法拉第的電磁轉動實驗。

　　這已經是法拉第第三次出國旅行了。六年前他曾到瑞士作短期休假，見到許多老朋友。第一次出國是 28 年前隨戴維的歐洲之旅。

　　歐洲大陸沿途的自然風光，仍如當年一樣，使他心曠神怡。他們這次旅程取道德國的科隆，再換乘輪船沿萊茵河溯流而上。兩岸景色宜人。

　　法拉第情緒頗佳，信手寫下一些隨筆，記下自己的感懷。在休養期間，法拉第還特別喜歡登山遠足。

　　這次療養，對法拉第恢復健康有明顯的好處。但 10 年的積勞，他實在太累了。保健醫生不允許他恢復工作，法拉

第的研究中斷了整整四年。

1845 年春天，法拉第的身體已經完全康復，重新回到了他心愛的實驗室工作，這時他已經是 54 歲的老將了。

按照一般說法，一個科學家最能夠出成果的年齡在 25 歲至 45 歲之間，其人生的黃金時代似乎已經過去了。

然而事實正好相反，法拉第一生最重要的貢獻，就是在這個時期完成的。年齡並不是科學發明的決定因素，最關鍵的是在於永遠保持旺盛的鬥志和孜孜不倦的探索精神。

法拉第克服了由於年齡帶來的衰弱，精神越來越好，他向著最高峰繼續攀登。

法拉第很早就抱定一種想法，認為光和電磁現象有內在連繫。那個時候電磁理論還沒有建立起來，能夠有這樣天才的設想，的確使人大為驚異。

這大概要歸功於法拉第的科學信念和哲學思想。法拉第有一個十分堅定的信念，他確信世界是統一、和諧的，無論是電、磁、光、熱還是引力，都應當存在著密切的連繫。

電磁的統一已經證實這一信念，那神奇的光呢？

當年法拉第跟隨戴維遊歷義大利時，觀看過一位名叫普契尼的義大利科學家做的實驗。

普契尼用一個碩大的凸透鏡，把陽光聚焦到一枚鋼針上，想借助陽光的力量使鋼針磁化。

實驗最後失敗了。然而，這位名氣雖然不大的普契尼卻

給青年法拉第留下了深刻的印象。時隔 30 年，此事仍然歷歷在目。

法拉第決心尋找電磁現象和光的關係。他採用的是他最拿手的辦法，實驗。

首先，法拉第用電解質即酸、鹼、鹽的水溶液來實驗。法拉第把這些透明導電的電解質放在兩個電極之間，給電極加上很高的電壓，然後讓一束偏振光透過這個電解質。

結果對偏振光並沒有產生什麼影響，實驗失敗了。法拉第把導電的電解質換成不導電的電解質，諸如松脂、水晶、冰洲石等，他一一試過，全都失敗了。

實際上，電場對光的影響是存在的。或許是因為法拉第的實驗條件沒有到位，所以沒有檢測出來。他所預言的效應，30 年後由英國物理學家克爾發現。

法拉第並不因這些失敗而氣餒。他另闢蹊徑，決定改用磁場做實驗，試圖證實磁對光的影響。如此就能證明普契尼未能實現的推斷：光和磁有連繫。

法拉第把一塊玻璃放在電磁鐵的兩極間，然後用一束偏振光沿著磁力作用的方向透過玻璃，可惜的是，並未發現磁場對透過玻璃的偏振光有什麼影響。

法拉第把玻璃換成許多種其他透明體來試，也同樣沒有什麼結果。

「這是為什麼，也許需要另一種東西。」法拉第思忖著。

　　他在實驗室內來回地踱著步，思考著，無意中他發現屋角擱著一塊長方形重玻璃。這塊玻璃是他 15 年前試製的產品，閒置至今，從來沒有用過。

　　隨之，法拉第把這塊重玻璃放在電磁鐵的兩極之間，然後用一束偏振光沿著磁力作用的方向透過玻璃，光線在磁力的作用下，它的振動面果然偏轉了一個角度！

　　由於重玻璃的折射率大，這種偏轉終於被檢測出來。法拉第多次進行了同樣的試驗，都得到了同樣的結果，磁力越強，偏轉角度越大。這就是有名的磁致旋光效應，是法拉第對電磁學又一大功勞。

　　這個發現的時間是 1845 年 9 月 13 日。

　　法拉第在實驗日記裡寫道：如此一來，磁力和光有相互關係就得到了證明！這一事實對於這兩種狀態的自然力的研究，很可能具有巨大的價值，由此也可能產生極其豐碩的成果。

　　法拉第的這一成功對他有很大的啟發。他又回過頭來，把幾年以前研究過的各種介質放進兩個電磁之間，做同樣的實驗。

　　他的設想是：可能其他物質也應該和玻璃有相同的反應。他使用的是一個比以前強大得多的電磁鐵。

　　出乎法拉第意料的是，在實驗過程中，法拉第發現了一個新奇的現象。他把一根玻璃棒放進磁鐵兩極間，玻璃棒居

　　然表現出對磁力作用的反抗，停在同磁力垂直的方向上。

　　這就是說：磁不但對磁性金屬有作用，對其他材料也有作用，不同的只是前者順著磁力方向，後者卻正好相反。

　　法拉第又驚又喜，他立即用一根鋼棒做實驗，銅棒也停在同磁力垂直的方向上，紋絲不動。

　　法拉第又用木塊代替銅棒，都是同樣結果，他把身邊所有的東西全都放進兩個磁極之間，一一進行試驗。發現全部物質對磁力都有反應，其中大多數都表現為抗磁性。

　　法拉第全神貫注地做著實驗，把吃晚飯的時間也忘記了。妻子莎拉只好把晚飯給他送到實驗室來。

　　當莎拉推開實驗室的門，發現法拉第正埋頭在一堆亂物中忙著，眼裡不由流露出溫和的責備，催促他趕快吃飯。

　　法拉第見妻子從籃子裡拿出一塊麵包和牛排，十分高興。莎拉還沒有反應過來，法拉第已經把麵包用一根細線懸掛起來，把麵包放進兩個磁極之間。

　　麵包猶如受過專門訓練一樣，一動不動地停立在磁力交叉的方向上。法拉第朝著妻子眨眨眼睛，笑了笑，接著又用牛排做試驗，取得同樣的結果。

　　法拉第夫人看著他的表演，簡直哭笑不得。實際上根據法拉第當時的心情，如果不是因為磁鐵不夠大，恐怕連他夫人也會被吊起來，送進磁極之間去作一番檢驗，因為他確信人體也是反磁體。

　　由於磁致旋光效應和抗磁性這兩項重大發現，1846 年法拉第榮獲倫福德獎章和皇家獎章。

　　在英國皇家學會的歷史上，很少有人同時得到這兩枚獎章，即使戴維也沒有獲得過如此殊榮。

　　法拉第的天才和偉績，給他帶來了十分高的榮譽。然而他關心的並非榮譽，而是科學的理想。

勇於提出新理論

磁致旋光效應和抗磁性的發現，使法拉第受到很大啟發，一個嶄新的思想終於脫穎而出。

當時，「超距作用」的觀念十分流行。牛頓曾經為超距觀念苦惱過，但是最終他還是採用了超距的說法。

100 多年來，牛頓力學成了物理學的權威。「超距作用」觀念不但支配了天體力學，也使電磁學受到很大影響。

牛頓的影響實在太大了。科學家們普遍認為，力的傳遞是即時而超距的，也就是說不管傳遞多遠都不需要時間，一個電荷或者磁極周圍的空間，除了距離以外，一無所有，連法國的電學大師安培、庫侖，也持同樣觀點。

庫侖曾於 1784 年發現電荷相互作用的定律，這一定律後來被稱做庫侖定律，其形式和牛頓萬有引力公式完全一樣：與電量大小成正比，與距離平方成反比。

因而從一開始，電學就理所當然地被納入牛頓力學的軌道。「超距作用」的觀念自然成為流行的觀念。

法拉第並不隨波逐流，他對法國同行們的成功十分的佩服，但對他們的思路卻不願盲目信從。

法拉第從自己的大量實驗事實出發，對「超距觀念」提出了懷疑。他相信物質到處存在，沒有不被物質占有的中空

地帶，因此電力和磁力不能憑空隨意傳遞。

這個思想，法拉第醞釀了十幾年，在沒有找到充分的實驗證據以前，他不願意草率匆忙地把自己的科學假設公布於眾。

摧毀舊學說，需要新的武器，法拉第現在終於找到了這種武器，那就是傑出的「力線」概念。

法拉第把鐵粉撒在磁鐵周圍，鐵粉立刻呈現出有規則的曲線，從一個磁極到另一個磁極，接連不斷，他把這種曲線稱為力線。

法拉第進一步用實驗證明，這種力線不單單具有幾何的性質，同時具有物理性質，導線裡感應電流的大小，完全取決於導線截割磁力線的數目，而同導線的移動位置絲毫不相關聯。換句話說，磁力線越密的地方，磁的強度越大。

用這種全新的眼光來觀察，電荷或者磁極周圍的空間不再是一無所有，而是布滿了向各個方向散發出去的力線，電荷或者磁極便是力線的起點。

從這一事實出發，法拉第在物理學上第一次提出「場」的概念。他把布滿磁力線的空間稱做磁場，而磁力便是透過連續的場傳遞的。牛頓力學「超距作用」的神聖殿堂就如此被動搖了。

法拉第力線觀念的建立，看起來不像發現電磁感應那樣富於戲劇性，然而它在電磁學上的意義卻是深遠的。

　　這是深思熟慮的碩果。早在 1832 年，也就是法拉第發現電磁感應的第二年，他在寫給皇家學會的名為《新觀點》的一封密封函裡就闡述了這一天才的思想。

　　法拉第寫道：

　　磁作用的傳播需要時間，也就是當一塊磁鐵作用於另一塊遠處的磁鐵或者一塊鐵時，產生作用的原因是逐漸地從磁體傳播開去的。

　　我認為可以把它叫做磁場。這種傳播需要一定的時間，而這個時間顯然是非常短的。

　　我還認為，電感應也是這樣傳播的，磁力從磁極向外傳播類似於起波紋的水面的振動，或者像聲音傳播的空氣振動。

　　也就是說，我傾向於認為，振動理論可以用於電和磁的現象，正像它適用於聲音，同時也很可能適用於光。

　　法拉第的這封密信，在皇家學會的檔案櫃裡沉睡了 100 多年，直到 1938 年才被後人發現啟封。

　　在這封信中他預言了電感應和磁感應以波的形式向外傳播，暗示了電磁波存在的可能，還以非凡的洞察力預見了光可能是一種電磁振動的傳播。

　　這實在是天才的預言！它猶如一顆耀眼閃光的鑽石，即使封在塵埃裡也無法遮住那奪目的光芒。

　　連法拉第本人也感覺到這一點。謹慎地沉默了 14 年

後，他再也忍不住了，密封信裡的「新觀點」終於脫穎而出。

1846 年，法拉第根據力線這一嶄新的思想，明確提出了光的電磁學。他在《哲學雜誌》上發表了論文《關於輻射線振動的思考》。

這是法拉第全部科學著作中的瑰寶，其光彩直到若干年以後才被人們發現。

在這篇論文裡，法拉第定性地提出，電力線和磁力線的振動，就可以產生光和其他輻射現象。一個革命性的、使人耳目一新的學說，就如此產生了。

深遠影響

　　一旦科學插上幻想的翅膀，在你的頭腦中翱翔，它就一定能夠贏得勝利。——法拉第

新思想開啟全新知識領域

　　中國有句俗語：曲高和寡。世界上許多偉大的科學預言，在出現的最開始都被人當做奇談怪論，很少有人接受。

　　法拉第的新思想，由於缺乏嚴密的論證，起初也引起許多研究者的懷疑。但是有兩位年輕有為的英國物理學家，為法拉第的新穎觀點所吸引。

　　這兩位科學家一個是格拉斯哥的威廉‧湯姆森，即後來著名的克耳文勛爵，另一個是劍橋大學的馬克士威。

　　湯姆森是一個神童，20歲大學畢業，首先選擇了電磁學當做進軍的目標，雖說熱力學也在他的視野範圍之內，然而自從法拉第在1831年發現電磁感應以後，湯姆森受到強烈的吸引。

　　湯姆森十分羨慕法拉第的成就，尤其是對法拉第關於電力線和磁力線的思想很感興趣。湯姆森掌握了數學工具之後，更覺得電磁學是個大有可為的領域，躍躍欲試。

　　1845年初夏，湯姆森從法國回到劍橋大學，參加了英國科學協會的會議，出席這次會議的都是著名學者，包括法拉第、焦耳這樣一些世界第一流的大科學家。

　　會上，湯姆森正好和法拉第坐在一起，並進行了交談。當時，法拉第從皮包裡取出自己寫的一本電學專著《電學實

驗研究》遞給湯姆森，建議他抽空一讀。

湯姆森當時很想提出來同法拉第合作，他猶豫了一下，沒說出自己的想法。

法拉第那時已 54 歲，久病初癒，剛恢復研究工作。他雖然賞識湯姆森的才能，但也沒有想到這個 21 歲的後生是最理想的助手。所以，儘管他們探索的目標是共同的，特別是湯姆森又精通數學，卻失之交臂，沒有能夠攜起手來，想來是十分遺憾的。

以後，湯姆森有好幾次想把自己對電磁的研究總結成理論性的東西，但都沒有成功。1846 年 11 月，他擔任教授職務後還悉心研究電學，並很有進展，還用數學方法對電磁力的性質做了有益的探討。

湯姆森還試圖用數學公式把電力和磁力統一起來，這的確是一個天才的設想。實際上，他已經走到了電磁理論的邊緣，只要再向前邁一步，就能夠發現真理。

可惜的是，湯姆森後來沒有把這個研究進行到底，因而建立電磁理論的桂冠，就只好讓馬克士威來戴了。

馬克士威出生於 1831 年 11 月 13 日。1854 年，23 歲的馬克士威大學畢業，留在母校劍橋大學任教。

不久，馬克士威讀到了法拉第的《電學實驗研究》，馬上被書中的新穎的實驗和見解吸引住了。

當時，學術界對法拉第的學說看法不一致，有不少非

議。主要原因是「超距作用」的傳統觀念影響還很深，牛頓力學的大廈動搖了，但是並沒有倒塌。

同時，也因為法拉第的學說在理論上還不夠嚴謹。

作為實驗大師，法拉第是舉世無雙的，但是由於沒有受過正規的高等教育，唯獨數學功夫不夠。

法拉第的創見都是用直觀的形式表達的，一般的理論物理學家都不承認法拉第的學說，認為它不過是一些實驗記錄。

然而馬克士威受到湯姆森的影響，相信法拉第學說中包含著真理。他在認真研究了法拉第的著作以後，領悟出力線思想的寶貴價值，也看到了法拉第定性表達的弱點。

這個初出茅廬的青年科學家決心用數學來彌補這一點。

一年之後，24歲的馬克士威發表了《論法拉第的力線》，這是第一篇關於電磁學的論文。

這位後起之秀接過了偉大先驅者法拉第手中的火炬，開始向電磁領域的制高點挺進。

且說那天法拉第正在嘆息不已時，突然，放在桌上新到專業期刊上一篇醒目的標題跳入了他的眼簾：《論法拉第的力線》。

法拉第一陣激動，他如飢似渴地將論文讀了一遍，真是一篇好文章啊！

在論文中，馬克士威透過數學方法，把電流周圍存在力

線這一現象，概括成一個高等數學裡的向量偏微分方程。

　　法拉第想自己從小失學，最缺的就是數學，現在突然降下了這麼一位理解自己思想，又長於數學的幫手，真是高興得樂不可支。

　　「哈哈，我的理論後繼有人了！」法拉第感到無比的欣慰。

　　幾年後，也就是 1860 年夏，馬克士威因故來到倫敦皇家學院任教，時年 28 歲。這次工作的變動，是他一生事業的轉捩點。

　　馬克士威對法拉第仰望已久，早在劍橋教書的四年時間裡，他就一直想用數學公式表達法拉第的學說，他經常給法拉第寫信，探索電磁的奧祕。

　　馬克士威到達倫敦後去拜訪了法拉第，這是一次難忘的會晤，法拉第已年近七旬，兩鬢斑白。他和馬克士威一見如故，親切地交談起來。

　　當馬克士威徵求他對論文的看法時，法拉第高興地說：「當我知道你用數學來構造這一主題，起初我幾乎嚇壞了，我驚訝地看到，你處理得如此之好啊！」

　　法拉第還說：「我不認為自己的學說一定是真理，但是隻有你才是真正理解它的人。」

　　「先生能給我指出論文的缺點嗎？」馬克士威靦腆地說。

　　「但是，你不應該停留在用數學來解釋我的觀點，」這

位大師沉思道，「你應該更深層地把它突破！」

法拉第的話猶如一盞明燈，照亮了青年物理學家馬克士威前進的道路，他立即用最大的熱情投入新的戰鬥。

1862 年，馬克士威在英國《哲學雜誌》4 卷 23 期上，發表了第二篇電磁學論文《論物理學的力線》。

這是一篇劃時代的論文，它同 1855 年的《論法拉第的力線》相比，有了質的飛躍。

論文不再是法拉第觀點的單純的數學解釋，而是對法拉第的觀點作了重大的引申和發展。其中具有決定意義的一步，是引進了「位移電流」的概念。

馬克士威分析了法拉第對電介質的研究以後，確認在電場變化著的電介質中，電流也存在，他把這稱為「位移電流」。

另外，馬克士威還計算出這種電流的速度正好等於光速，這一驚人的「巧合」中，包含著神奇而偉大的內在連繫。

從理論上引出位移電流的概念，的確是電磁學上繼法拉第電磁感應以後的一項重大突破。

根據這一科學假設，馬克士威推匯出兩個高度抽象的偏微分方程式，這即是著名的馬克士威方程式。

根據這組方程所揭示的規律，不但變化著的磁場產生電場，而且變化著的電場也產生磁場。凡是有磁場變化的地方，它的周圍不管是導體或者電介質，都有感應電場存在。

經過馬克士威創造性的總結，電磁現象的規律，終於被他用不可動搖的數學形式揭示出來。

直到此時，電磁學才開始成為一種科學理論。而法拉第，則是這座理論大廈的奠基人。

1865 年，馬克士威發表了第三篇電磁學論文《電磁場動力學》。在這篇論文中，馬克士威方程的形式更加完善，他並且由此推匯出電場和磁場的波動方程。

根據計算，這個「波」的傳播速度，恰好等於光速！直到此時，電磁波的存在是確定無疑了！

馬克士威因此大膽斷定，光也是一種電磁波。法拉第當年關於光的電磁理論的猜想，就這樣由馬克士威變成了科學的理論。

歷史記下了這個輝煌，23 年以後，德國青年物理學家赫茲用實驗發現了電磁波，證明了馬克士威的理論。

法拉第當年的偉大預言，經過幾代人的接力，終於變成現實。令人遺憾的是，法拉第沒有親眼看到電磁理論的勝利，馬克士威也沒有看到這一天。

法拉第經過畢生的辛勤努力，終於為人類開發了一個全新的知識領域。其一生總結性的著作是《電學實驗研究》。

有趣的是，在法拉第的這部鉅著中，幾乎沒有一條數學公式。金無足赤，人無完人，無論是政治偉人或科學巨匠，都不可能是十全十美的。

　　法拉第的不足之處是其數學知識貧乏，這一缺憾後來由其學生馬克士威彌補了。也許是緣分，馬克士威和法拉第相逢，最終完成了電磁理論大業。而湯姆森與法拉第卻失之交臂。

平常心看待榮譽

由於在電磁學領域作出的巨大貢獻，法拉第在晚年獲得全世界的敬重。各國紛紛向他授予獎章、榮譽稱號，如春花一般繁多。

據猜想，法拉第一生中得到各國授予的榮譽頭銜多達97個。幾乎歐洲每一所大學和科學研究機構，都贈給他學位證書，還有許多金質獎章。他把那些金質獎章束之高閣，便不問不聞了。

而對自己所得的學位證書，法拉第卻感到十分的自豪，每一份都要讓莎拉看看。

由於從小家庭貧窮，沒有機會接受正規教育，法拉第憑著自己的勤奮獲得的成就，得到了全世界最高學府的承認。

法拉第那堅忍不拔的精神和純樸無私的人格，讓許多人折服。著名的科學家、作家都以能和其結識為榮。

和法拉第同時代的法國作家大仲馬，曾如此稱讚他：

我不知道是否會有一個科學家，能夠像法拉第那樣，遺留下許多令人愜意的成就，當做贈與後輩的遺產而不自滿。

他為人異常質樸，愛慕真理異常熱烈，對於各項成就，滿懷敬意，別人有所發現，力表欽羨，自己有所得，卻十分謙虛。他不依賴別人，具有勇往直前的美德。

　　所有這些融合起來，就使這位偉大物理學家的高尚人格，添上一種罕有的魔力。

　　1857 年，英國皇家學會會長洛特斯雷勛爵辭職。皇家學會一致推選法拉第任會長。就他的卓越貢獻和巨大聲望，他是當之無愧的，也是最佳的人選。

　　法拉第的朋友都希望他能接受這一委任，並且認為只有他才有資格接受這一最高的榮譽。

　　法拉第十分感謝大家的信任和盛意，然而他表示自己不能接受這一委任。

　　皇家學會派了幾名代表前來做說客，勸其受任。代表中有前任皇家學會會長，還有法拉第的學生和朋友丁達爾。

　　法拉第回答說：「請允許我認真考慮一下，再作決定。」

　　第二天早晨，丁達爾就來到法拉第的住處。法拉第看見他有些焦急不安，問他何故。

　　丁達爾急切地說道：「教授，我深怕你已作出決定，拒絕皇家學院代表的希望。」

　　「如此說來，你是要強迫我擔任會長這個職務了！」法拉第臉帶微笑。

　　「是的，這是你義不容辭的責任！」丁達爾說道。

　　「可是，親愛的丁達爾，領導皇家學會可不是一件簡單的事，依我的性格，既不喜歡交際，又不善於言辭，如果我真的當了皇家學會會長，搞不好會使大家都不愉快的。」法

拉第說出了自己的猶豫。

「法拉第教授，這一點請你放心，皇家學會的新生力量會全力支持你的。」

正在此時，莎拉走了進來。

「莎拉，你來得正好，大家要推舉我任皇家學會會長，你看如何？」法拉第徵詢她的意見。

「我認為還是不當為好。你單純得如一個孩子，當童子軍軍長可以，當會長不行。」莎拉笑著說道。

丁達爾極力反對莎拉的說法。

「夫人你這是在說笑話了！」他繼續勸說道，「法拉第教授業績彪炳，德高望重，如果由他出任皇家學會會長，一定會大大提高皇家學會和英國科學界的威信！」

法拉第溫和地打斷了丁達爾的話。經過再三的考慮，他作出最後決定：

丁達爾，我還是自始至終做一個平常的麥可・法拉第吧。現在我告訴你，假如我接受了皇家學會希望加在我身上的榮譽，就在一年內，我也不能保全我純潔的知識了。

法拉第從不追求榮譽，他出生的時候，冠著鐵匠的姓氏起的是普通的名字，他永遠是普普通通的麥可・法拉第。

法拉第避開榮譽，榮譽卻緊緊地盯住他。每作出一項重大發現，國內外的大學、學會和科學院就紛紛給他頒發榮譽獎狀、獎章和學位。

在一個盒子裡，放著法拉第所有的證書獎章，其中有一個最為特殊，因為這一張「證書」，是法拉第自己寫的。

一張不太精美的硬紙上，法拉第用清秀的筆跡寫著：

在這些成績記錄和重要事件當中，我謹記下一件事情的日子，作為榮譽和幸福的泉源，這件事情的重要性遠遠超過其他事情——我們是在 1821 年 6 月 20 日結婚的。

法拉第不喜歡講演，但喜歡行善。他和莎拉過著純樸的基督徒的生活。每個星期日他們全家上桑德曼教會那個簡陋的小教堂去做禮拜。

法拉第是這個教會裡唯一有名望的人，按照基督平等博愛的精神，他和會友們一樣，坐在硬板凳上虔誠地祈禱。

1840 年，法拉第被選為長老。每星期日他都要協助別的長老主持禮拜儀式，每隔一星期他還要講一次道。

在皇家學院講科學，在小教室講上帝，這似乎是自相矛盾的。然而，對於法拉第來說，科學和宗教是並行不悖的。

法拉第信仰科學，科學能使人的思想從迷信和偏見中解放出來，科學能使人了解自然的奧祕，利用自然的力量。

但法拉第認為科學不是萬能的。他不像同時代的其他科學家那樣樂觀、自信，認為科學的真理已經或都將取得最後勝利。

法拉第覺得，人類犯錯是不可避免的。一切科學知識都是有限的、暫時的。自然和和諧、統一，似乎向他顯示，宇

宙間是有真理的，他，還有許多人，都在追求真理。

但是法拉第認為，真正的真理，僅僅屬於上帝，是上帝在主宰一切，所以他也信仰上帝。

這是法拉第宗教信仰理性的一面，另外還有更重要的感情、傳統、習慣的一面。因為他的父親、母親，周圍的所有人全都信仰上帝。

不過法拉第對於講道，卻是一竅不通。現在叫他向人家講道，這可難為他了。

法拉第只能乾巴巴地念《聖經》，從舊約全書和新約全書上東抄一段，西抄一段。

法拉第的講道味同嚼蠟，這和他用動聽的聲音，在皇家學院裡娓娓而談科學問題的那種引人入勝的情景，成了鮮明的對照。

1860 年，法拉第第二次被選為長老。他以古稀之年又服務了三年半，後來他的記性越來越壞，《聖經》上的警句讀了上半句，不知道讀下半句，他才不得不辭職。

為科學貢獻的餘生

　　法拉第一生不追名逐利，他以作為一個鐵匠的兒子為榮，他願意永遠做一個平常的法拉第。法拉第過去是鐵匠的兒子，成名以後仍舊是鐵匠的兒子。

　　法拉第一生不追求虛榮，但是凡對公眾有益的事情，卻從不推卻。當初英國港務局請他當技術顧問，儘管自己公務繁忙，還是愉快地承擔了，並且幾十年如一日，對燈塔的照明設施作了許多技術改進。

　　英國的港口特別多，那時燈塔一直以油燈照明，煙霧重，氣味難聞。燈塔工人長年在空氣汙染的環境中工作，對身體有很大的危害。

　　法拉第在皇家學院曾做過調節房間內部空氣的工作，因為地下實驗需經常通氣，在這方面他有經驗。

　　法拉第成功地排除了燈塔裡一些有毒氣體的汙染，使那兒成為了一個非常安全的地方。因此有人說，法拉第在空氣調節的研究方面也是一個先驅者。

　　同時燈塔還有一個問題，每當冬季到來，窗玻璃經常蒙上一層厚厚的霜凍，影響照明和視線，法拉第也想辦法解決了。

　　每當法拉第走在大街上，看到燈塔在濱海暮色中閃亮的

時候，心中感到的都是一種舒心和愉快。

　　法拉第不但是偉大的科學家，也是熱心的科普宣傳家。他與科學講壇是分不開的。

　　法拉第擔任皇家學院實驗室主任後，繼承戴維的傳統，在講壇上作了一系列生動有益的科學講演。這些講演給皇家學院帶來了聲譽和不斷的捐贈。

　　法拉第曾主講過 100 多次「星期五科學討論會」。他每次主講都十分的成功，深受學者聽眾的讚許和好評。

　　法拉第深知科學講座對少年兒童有十分重大的影響，對此，他有親身的體會，他在皇家學院還倡導了一個「聖誕節少年科學講座」。

　　這個講座從 1826 年開始，每年聖誕節放假期間，為少年兒童舉辦一系列科普講座。

　　每一次講座都像過節一樣熱鬧非凡，充滿著歡樂。家長們帶著孩子，蜂擁而至，連走廊裡都擠滿了聽眾。

　　講座的題目從化學、天文到電學，應有盡有。再深奧的科學道理，到了大師法拉第口中，都會變得如此動聽，如此簡單明瞭，常常還包含著閃光的哲理。

　　這個「聖誕節少年科學講座」，法拉第一共講了 19 年，受到孩子和家長們的熱烈歡迎。

　　1855 年 12 月 27 日，維多利亞女王的丈夫阿爾伯特親王領著兩個兒子來到皇家學院。

　　維多利亞女王一家是專門來聽法拉第聖誕節演講的，他們坐在演講大廳的第一排正中間。

　　那年的聖誕節少年科學講座結束以後，14 歲的王太子給法拉第寫來了一封信，聲言對法拉第的科學講座產生了極大的興趣。後來，王子在愛丁堡大學攻讀了化學。

　　19 年間，有多少小朋友聽過法拉第的這個講座，已經無法統計。他們之中，許多人和當年的少年法拉第一樣，愛上了為人類謀福利的科學事業。

　　1860 年聖誕節的系列講座，一共講了六次。後來他的一位朋友為他編輯出版了一本名為《蠟燭的故事》的書。這本著名的科普讀物講述瞭如何製造蠟燭，蠟燭為什麼會燃燒，燃燒以後到哪兒去了等。

　　《蠟燭的故事》內容生動有趣。後來被譯成世界各國文字，直到 100 多年後的今天，還深受廣大少兒家長的歡迎。

　　在這本書中，法拉第殷切地寫道：

　　希望你們年輕一代，也能像蠟燭為人照明那樣，有一分熱，發一分光，忠誠而踏實地為人類偉大的事業貢獻自己的所有力量。

　　燃燒自己，把光明獻給人類，這種蠟燭精神正是法拉第一生的寫照！為了追求真理，造福人類，他默默地奉獻出自己的每一分熱，每一分光。

　　法拉第的偉績和高尚的人格，贏得了世人的廣泛尊敬。

連孩子們也十分愛戴他。

　　法拉第是一位虔誠的教徒。每個禮拜天，他都要和夫人一同到教堂做禮拜。每當返回之時，他們要穿過同一條街。

　　那些聽過法拉第科學講座的孩子，便常常候在路邊，向他問好。有的孩子鞠過躬後，又穿過小巷，抄近路跑在他們前面，再一次向法拉第致敬。對此法拉第特別高興，莎拉親暱地把他稱做童子軍軍長。

　　克耳文勛爵對法拉第非常了解，他在紀念法拉第的文章中說：

　　他的敏捷和活躍的品質，難以用言語形容。他的天才光輝四射，使他的出現呈現出智慧之光，他的神態有一種獨特之美，這是有幸在皇家學院見過他的任何人都會感覺到的，從思想最深刻的哲學家到最質樸的兒童。

安然度過晚年

法拉第夫婦一直在皇家學院的樓上居住，過著簡樸的生活。那兩間房子，從他們結婚起，已整整住了 37 年。

英國女王維多利亞的丈夫阿爾伯特到皇家學院去過多次，很了解法拉第的科學成就，也知道法拉第性格倔強，不愛虛榮，不願意被封為爵士。

阿爾伯特親王向女王建議，送法拉第一所房子。他告訴女王，法拉第教授自己沒有住房，40 幾年來，一直借住在皇家學院樓上。

女王立刻下令，把倫敦高等住宅區的一棟房子撥給法拉第，歸他終生使用。

房子的環境很幽雅，但是年久失修，法拉第哪裡修得起。這訊息傳到女王耳朵裡，她派人把房子裡裡外外修整一新。

1858 年，法拉第和莎拉搬進了漂亮的新居，在這裡，法拉第愉快地度過了自己的晚年。

法拉第時常想起自己飽受窮困折磨的父母親：父親早就去世了，母親雖然看到了他的成功，也已經在 1838 年去世。

法拉第想起哥哥洛博，正是他給的錢，自己才能聽到塔特姆先生的自然哲學講演。弟弟出了名，哥哥感到自豪，時

常到皇家學院去聽弟弟講演。

有一次，坐在洛博後面的兩位先生數落法拉第的寒酸，說他過去當過學徒，給人擦過皮鞋，把洛博聽得火冒三丈。

洛博忽然轉過臉去，正言厲色地說：「先生，那位法拉第先生給你擦過皮鞋嗎？」他的話把對方嚇得趕緊否認。

法拉第每次想起哥哥給自己說的這件事，就忍不住要笑。

隨著歲月的流逝，法拉第年齡增大，體力漸衰，精力大不如從前。幾十年的忘我工作，耗盡了他的精力。

但是法拉第仍不放棄自己心愛的工作，堅持做電磁實驗。他的實驗記錄簿還是整理得井然有序、清清楚楚。為此，他常常要付出幾倍的努力。

然而，法拉第發覺自己的記憶力也在衰退，有一次他做了一個實驗，費了很大工夫，直到一個月以後才發覺，這個實驗他幾個月以前已經做過了。

1862 年，法拉第已經是 71 歲的老人了，他做完最後一個實驗。在他的實驗日誌上記下最後一個編號：16041。

這位科學巨匠的最後一個實驗，是研究磁場對光源的影響。他假設強大的磁場可能會改變光源發射的光譜譜線。

法拉第將不同鹽類的火焰，其實也就是不同的光譜譜線，放在巨型電磁鐵兩極之間，然後讓火焰輻射的光透過偏振稜鏡。

　　由於法拉第當時採用的儀器的限制，實驗失敗了。但這個實驗的推斷，卻表明這位電學大師深邃的洞察力。

　　法拉第這個閃光的思想，30 多年以後由荷蘭物理學家塞曼用實驗進一步證實。塞曼發現在強磁場中光源發射的譜線確實分裂成幾條，後人稱之為塞曼效應。

　　法拉第的工作是完成了，他的最後一次講演，也是在 1862 年舉行。這位巨人肩上的任務，一件一件地卸下了。

　　丁達爾曾懷著崇敬的心情，對自己的老朋友和老師法拉第進行了評價。他說：

　　法拉第沒有一點世俗的野心。他曾宣布，出於對國家的基本義務，每年到宮中進行一次朝拜。除了這一點，他不會主動和皇宮接近。

　　他精神上的生活和知識領域的生活，已經十分完美，因此他不會對那些世俗爭奪不休的東西動心的。在他的眼中，科學實驗高於一切，和這相比，皇宮的華麗算得了什麼！

　　法拉第一生的最後幾年，是在漢普頓別墅度過的。他沒有子女，忠實地陪伴著他的是自己溫柔賢惠的妻子，還有他們領養的姪女。

　　晚霞布滿天際，一輪紅日漸漸西沉。到別墅去拜望的朋友、學者，可以看見一位白髮飄逸、衣著簡樸的老人，神態安詳地坐在門外凝望著田野和壯麗的落日。

　　這位鐵匠的兒子，橫跨一個時代的偉大科學家，直到臨

終都對大自然和人民懷著誠摯的熱愛。他本人就如一輪紅日，把光和熱灑滿人間，正在靜靜地沉落。

法拉第的朋友，親眼目睹那光芒萬丈的陽光，如此毫無保留地賜福於人類和大自然。最終卻難免要西沉逝去，內心不禁生出一種惋惜和悲哀。

然而，法拉第的胸中卻從來沒有如此感覺。落日是一首壯麗的詩。一直到最後的一息，他都保持著他那種舊時的樂觀和豁達。他在給朋友的一封信中寫道：

過去是無法追憶了，現在在期待著解脫，只有未來充滿著光明和永生。

1867 年 8 月 25 日，法拉第，這位享譽科壇、聞名世界的科學鉅子坐在書房的椅子上安詳地離開了人世，終年76 歲。

附錄

　　過去是無法追憶了，現在正期待著解脫，只有未來充滿著光明和永生。——法拉第

經典故事

從小報童到學徒

法拉第從小就是一個聰穎、機靈的孩子，他對人也特別有禮貌，因此人們都很喜歡他。

法拉第曾經當過報童，做事非常勤奮，也從來不偷懶，所以別人都很喜歡他，他的老闆利博先生對法拉第也特別地滿意。

趁著送報的機會，法拉第經常偷空看報，他感覺讀報對自己來說是非常快樂的事情。

但是，看報的過程中，法拉第也遇到了一些實際困難。

有些報紙的內容不容易看懂，上面也有許多字不認識，還有許多人名、地名他也不知道。

但是這些並沒有難倒法拉第。他想，不懂也沒有關係，早晚有一天我會把一切都弄懂的。

於是，法拉第只要遇到不懂的東西，就虛心向別人請教，當然，更多的時候是向利博先生請教。

利博先生很和氣，圓圓的臉上總掛著微笑，法拉第常常找這位東家，向他請教各種問題。這位東家也很願意解答法

拉第的各種問題。

利博先生看到法拉第這孩子和別的報童不一樣，他什麼都想知道，什麼都要問，心裡也很高興，他打心眼裡喜歡上了這個聰明好學的孩子。

利博先生很喜歡法拉第，每當看到這個小報童歪著腦袋、充滿稚氣的小臉上帶著疑惑不解的神情，一個接一個問著各式各樣的問題時，利博先生總是愉快而耐心地為他解答，就像對待自己的孩子一樣。

這位溫和熱情的書店老闆總覺得法拉第與別的孩子不同，因為他看到在法拉第那雙稚氣的灰褐色的瞳仁裡，常常閃爍著一種求知的光芒。

熱愛學習的小學徒

法拉第的家庭很貧窮，由於經濟原因，在他 13 歲的時候，就不得不輟學回家了。

在利博先生的建議下，法拉第來到了位於布蘭福德街上利博先生的書店，當了一名書籍裝訂工。

法拉第的手藝很快就趕上了師傅，於是他就有空把他裝訂的書仔細閱讀一遍，成了一個「書呆子」。

每晚收工以後，法拉第總是把切刀、銅尺、膠水這些裝訂書籍的用具收拾得整整齊齊，然後常常連飯也不吃、工作

服也不脫，就坐在工作臺前全神貫注地看起書來。

有一次，法拉第讀到了《一千零一夜》裡那個漁夫和魔鬼的故事，他對故事中的情節感到十分驚奇，一直在想像那個魔鬼是如何變成一股青煙，又如何生活在一個小小的瓶子裡的。

還有一次，法拉第正看書看得入迷，一會兒發笑，一會兒又皺起眉頭，連他的老闆利博先生進來都沒有發覺。

利博先生看著他那傻勁，不由得笑出了聲。

利博先生的笑聲驚動了看書入迷的法拉第。法拉第回過頭來，窘得小臉通紅，心裡想，這回準得挨一頓罵。

利博先生是個好心腸的人，他不但沒生氣，胖胖的臉上反而笑出兩個酒窩，他對法拉第說：

「麥可，我知道你是個好學上進的孩子，好好地讀書吧！想讀什麼就讀什麼，通曉書中的內容並不會妨礙你成為一個好訂書匠的。別的訂書匠只曉得書的封皮，而你卻知道了書的內容，這並非一件壞事。」

法拉第碰上這樣好的老闆，心裡簡直是樂開了花。

從此後，法拉第更加孜孜不倦地讀起書來了。

建立個人實驗室

法拉第非常喜歡科學實驗，但是他太窮了，幾乎是身無分文。

他根本就買不起實驗所需的器材，這可難住了法拉第，他不住地想，我該怎麼辦呢？

但是困難是擋不住法拉第對科學的濃厚興趣的，他平時用心地收集著每一樣在實驗裡可以用得著的東西。

那些用得著的瓶瓶罐罐都被他撿了回來，洗刷乾淨後，整齊地擺在了床下。

有時候，法拉第還利用休息時間，到工廠的廢品堆裡去找一些鋼絲和舊鋅片，以及其他可以用的一些小零件，或者跑到藥房裡去撿人家扔掉的小瓶子，再或者，就索性花半個便士買一點便宜的藥品。

然後，法拉第再抱著撿來的、買來的東西，興沖沖地回到自己的小閣樓裡，裝備自己的小實驗室。

此外，法拉第還按照書上的插圖，自己動手做了一些小裝置。他從來不亂花錢，他把所有的零用錢一點點攢起來，買一些實驗必需的裝置和藥劑。

就這樣，法拉第在自己的房間裡建起了一個小小的實驗室。房間本來就窄小，現在擺上這一堆寶貝玩意兒，就顯得更加擁擠了。

　　不過，法拉第置身於自己的小天地裡，卻如魚得水般快活。從此，一個個實驗給法拉第帶來了無窮的樂趣，他逐漸沉浸在自己的實驗中，充分領略著知識的奧妙。

　　從此，經常聽到法拉第在他的實驗室裡大喊大叫，因為他太專心了，經常忘記了自己在什麼地方，也忘記了是幾點鐘。少年的心中萌發了對科學的熱烈嚮往。閣樓實驗成了他一生事業的起點。

甘心獻身科學

　　法拉第從小就善於思考，經常提出一些有意義的問題。法拉第好提問題，以致別人這樣來形容他：他的頭「老是往前伸著，好像隨時準備向別人提問題似的」。

　　法拉第在書店當學徒時，不但博覽群書，而且用它們作指導，在宿舍裡做了許多實驗。他的工錢除了吃飯以外，幾乎全部花在買實驗用品上。

　　後來法拉第聽了戴維的講演，更下定了「獻身於科學」的決心。據說法拉第為了進皇家學院實驗室工作，戴維曾經同他進行過如下的談話。

　　戴維一邊指著自己手上、臉上的傷疤，一邊對法拉第說：「牛頓說過：『科學是個很厲害的女主人，對於為她獻身的人，只給予很少的報酬。』她不僅吝嗇，有時候還很

凶狠呢！你看，我為她效勞十幾年，她給我的就是這樣的獎賞。」

法拉第堅定地說：「我不怕這個！」

戴維又說：「這裡薪資很低，或許還不如你當訂書匠賺的錢多呢！」

法拉第回答說：「錢多少我不在乎，只要有飯吃就行。」

戴維追問一句：「你將來不會後悔吧？」

法拉第頻頻點頭說：「我決不後悔！」就這樣，法拉第正式踏進了科學的殿堂。

巧妙回答疑問

法拉第發明了世界上第一臺感應發電機後，準備向他的親朋好友表演這個新發明。

這是一臺別緻的裝置，只見一箇中心有軸的圓形銅盤垂直地固定在支架上，並且伸進到一塊水平固定的馬蹄形磁鐵的兩極之間。銅盤的中軸聯結一根導線，銅盤邊緣和另一根導線保持接觸，兩根導線和一隻電流計相連。

客人們對這個「怪物」很感興趣，他們懷著極大的興趣觀看著，想親自證實一下，這臺怪模怪樣的裝置是不是真的能源源不斷地產生出電流來。

法拉第大聲宣布「表演開始」以後，就輕快地轉動搖

柄，銅盤在兩個磁極之間不停地旋轉起來。只見電流計的指標逐漸偏離零位，銅盤的轉速越快，電流的讀數越大。

客人們讚不絕口，只有一位故作聰明的貴婦人不動聲色，她取笑地問法拉第：「先生，你發明的這玩意兒有什麼用呢？」

法拉第把手放在胸前，微微欠了一下身子，回答說：

「夫人，新生的嬰兒又有什麼用呢？」

人群中頓時爆發出一陣喝采聲。

多麼巧妙而又正確的回答！「嬰兒」看來無用，但卻會長成「巨人」。法拉第設計的這臺裝置就是今天各式各樣、大大小小發電機的雛形。

有了發電機，電就不再是神祕的東西，它將從科學家的實驗室走向工廠、礦山、農村，走進每一個家庭，照亮整個世界。1831 年是值得永久紀念的一年，電磁感應是法拉第生平最偉大的發現。

不愛金錢愛科學

由於法拉第在電學和化學研究上出了名，有一段時間，法院曾經聘請他做專家作證的工作。在不到一年時間裡，法拉第獲得了 5000 鎊的報酬。

這時候，一位朋友勸法拉第辭去皇家學會的研究工作，

告訴他「如果繼續幹下去，每年可以穩賺 25000 鎊」。

當時皇家學會每年給法拉第的報酬只有 500 鎊。愛科學不愛金錢的法拉第經過慎重考慮，為了專心進行科學研究，毅然辭去了專家作證的工作。

法拉第經常不分晝夜地在實驗室裡工作，為了利用每一分鐘時間，凡是和實驗無關的事情，他盡量推辭、謝絕，他不去朋友家吃飯，不上劇院看戲。

法拉第不停地做實驗，記筆記。在他的實驗日記上，記滿了「沒有效果」「沒有反應」「不行」「不成」等字樣。

1855 年出版的八卷《法拉第日記》就是他日夜辛勤工作的證明，他的一系列重大科學成果，就是他心血和汗水的結晶。

拒絕貴族身分

法拉第一生獲得過無數名譽頭銜，但他從來沒有在意過，而是隨便丟在了一個盒子裡。法拉第不羨慕榮華富貴，他始終保持著一個正直的、勤懇的科學家的本色。

1857 年，英國皇家學會會長洛特斯雷勛爵辭職，皇家學會學術委員會一致認為，如果能請德高望重的法拉第教授出來繼任會長，那是再理想不過的了。

學術委員會派法拉第的好友丁達爾和幾名代表勸說法拉

第接受這個職位，因為這是一個英國科學家所能享受的最高榮譽。

法拉第對丁達爾說：「丁達爾，我是個普通人，到死我都將是個普普通通的麥可·法拉第。現在我來告訴你吧，如果我接受皇家學會希望加在我身上的榮譽，那麼我就不能保證自己的誠實和正直，連一年也保證不了。」丁達爾和代表們失望地走了。

過了幾年以後，皇家學院院長諾森伯蘭公爵去世，學院理事會又想請法拉第出來當院長，法拉第又一次拒絕了朋友們的好意。

法拉第不喜歡榮譽，他只喜歡他的科學事業。

年譜

1791 年 9 月 22 日，出生在薩里郡紐因頓一個貧苦鐵匠家庭。

1810 年 2 月～ 1811 年 9 月，在哥哥贊助下，聽了 10 幾次自然哲學的通俗講演，每次聽後都重新謄抄筆記，並畫下儀器裝置圖。

1812 年 2 ～ 4 月，連續聽了漢弗萊·戴維四次講座，從此燃起了進行科學研究的願望。

1813 年 3 月，由戴維舉薦到皇家研究所任實驗室助手。這是法拉第一生的轉捩點，從此他踏上了獻身科學研究的道路。

1813 年，隨戴維夫婦到歐洲大陸遊歷，對法拉第的教育有著重大作用，結識了許多著名的科學家。

1815 年，回國後繼續在皇家學院工作，長達 50 餘年。

1816 年，戴維讓法拉第分析了托斯卡納的土壤成分，並把分析結果寫成論文發表。

1817 年，法拉第連續發表了六篇論文，這些論文的發表，使他增強了從事科學研究的信心。

1819 年，法拉第應斯達特的要求，研究了不鏽鋼與各種合金。

　　1820 年，進行氯和碳的化合物研究。

　　1821 年，研究了奧斯特發現的電流的磁作用，取得了一項重大發現：磁作用的方向是與產生磁作用的電流的方向垂直的。

　　1823 年，開始進行氣體液化研究。

　　1824 年，被選為皇家學會會員。

　　1825 年，接替戴維任皇家學院實驗室主任，開始光學玻璃研究，並在鯨油和鱔油製成的燃氣分餾中發現苯。

　　1831 年底，研究取得重大突破，發明了一種電磁電流發生器，這就是最原始的發電機。

　　1832 年，開始對不同來源的電的同一性和電化學分解進行研究。

　　1833 年，任皇家學院化學教授。證實當時所知摩擦電、伏特電、電磁感應電、熱電和動物電五種不同來源的電的同一性。

　　1833 ～ 1834 年，發現電解定律，開創了電化學這一新的學科領域。

　　1835 年，開始靜電學、電介質和氣體放電的研究。

　　1837 年，發現電介質對靜電過程的影響，提出了以近距「鄰接」作用為基礎的靜電感應理論。

　　1839 年，成功運用一連串的實驗帶領人類了解電的本質。

1845 年，發現強磁場使偏振光的偏振面發生旋轉。

1846 年，提出「射線振動思想」。

1849 年，開始重力和電的研究。

1857 年，開始研究時間和磁性的問題。

1860 年，發表最後一次聖誕節講演。

1862 年，做了最後一次實驗，試圖發現磁場對放在磁場內的光源發出的光線的影響。

1864 年，他辭去了皇家學院教授職務。

1867 年 8 月 25 日，麥可・法拉第在書房安詳地離開了人世，終年 76 歲。

名言

只有無知，沒有不滿。

拚命去爭取成功，但不要期望一定會成功。

我一生為平民而感到光榮，並不想變成貴族。

要是我能出低價論鐘點，不，論天買些他們的時間，該有多好！

愛情既是友誼的代名詞，又是我們為共同的事業而奮鬥的可靠保證。

愛情是人生的良伴，你和心愛的女子同床共眠是因為共同的理想把兩顆心緊緊繫在一起。

作為榮譽和幸福的泉源，這件事情的重要性遠遠超過其他事情，我們是在 1821 年 6 月 20 日結婚的。

我想，我撈到了一樣好東西，可是沒有把握。

或許我花費了那麼多勞動，撈到的不是一條魚，而是一團水草。

電子書購買

爽讀 APP

國家圖書館出版品預行編目資料

法拉第 Michael Faraday：電磁學的奇蹟，化學與電學的融合 / 陳劭芝，馮志遠 編著 . -- 第一版 . -- 臺北市：崧燁文化事業有限公司，2024.04
面； 公分
POD 版
ISBN 978-626-394-111-3(平裝)
1.CST: 法拉第 (Faraday, Michael, 1791-1867)
2.CST: 科學家 3.CST: 傳記
784.18　　113002842

法拉第 Michael Faraday：電磁學的奇蹟，化學與電學的融合

臉書

編　　著：陳劭芝，馮志遠
發 行 人：黃振庭
出 版 者：崧燁文化事業有限公司
發 行 者：崧燁文化事業有限公司
E - m a i l：sonbookservice@gmail.com
粉 絲 頁：https://www.facebook.com/sonbookss/
網　　址：https://sonbook.net/
地　　址：台北市中正區重慶南路一段六十一號八樓 815 室
Rm. 815, 8F., No.61, Sec. 1, Chongqing S. Rd., Zhongzheng Dist., Taipei City 100, Taiwan
電　　話：(02) 2370-3310　　傳　　真：(02) 2388-1990
印　　刷：京峯數位服務有限公司
律師顧問：廣華律師事務所 張珮琦律師

定　　價：375 元
發行日期：2024 年 04 月第一版
◎本書以 POD 印製
Design Assets from Freepik.com